AF377868

19 secondes 83 centièmes

DU MÊME AUTEUR

Un rêve modeste et fou, *avec Éric Cantona, Robert Laffont, 1993*

Football, d'un monde à l'autre, *Mango, 1998*

Zidane, Dugarry, Les copains d'abord, *Mango, 1998*

Guy Môquet. Une enfance fusillée, *Stock, 2000*

Football & Co : Noirs et Blancs, against racisme, *Mango, 2003*

Ma ligne 13, *Éditions du Rocher, 2003*

Ça va mal finir, *Éditions du Rocher, 2004*

Séville 82, le match du siècle, *Privé, 2005*

Aux armes citoyens : Barricades et manifestations de rue en France de 1871 à nos jours, *avec Carole Bitoun, Hugo et Compagnie, 2005*

Ma chambre au Triangle d'or, *Stock, 2006*

Pierre-Louis Basse

19 secondes
83 centièmes

Stock

ISBN 978-2-234-06044-9

À mon père, Yves Garçon
À Françoise et Martine
À Lou

One thing I can tell you is you got to be free.

The Beatles, « Come Together », 1968

*Ils n'avaient pas de chaussures. Ils portaient aussi
un foulard de soie noire et, sous la veste de survêtement ouverte, on pouvait voir un maillot de corps
noir. Enfin, dans leur main non gantée, ils portaient une chaussure de sport.*

Guy Lagorce, octobre 1968.

Dans ma nuit du 16 au 17 octobre 1968, un jeune
homme, mince et noir, crève l'écran du sport. Je
réalise le passage époustouflant du temps, sous les
semelles. Certains événements sportifs se plaisent à
couler dans nos veines. La puissance qui s'en
dégage, au moment de l'exploit, leur donne le
droit de participer à l'Histoire. Pas même un tour
de piste. Un seul virage. Les bras en croix de
Tommie, tout au bout de la ligne droite de la finale.
Les Jeux changent de vie. Et je tourne fébrilement
les pages des journaux qui relatent ces performances. J'observe qu'en date du 17 octobre 1968
le journal *Le Monde* nous informe que le Noir
américain Tommie Smith a remporté le titre olympique du deux cents mètres. Les bombardements

américains se poursuivent sur le Nord-Viêtnam. Jackie Kennedy est une femme heureuse. Elle vient d'épouser son armateur grec préféré : Aristote Onassis, qui l'a même présentée à une foule en délire.

En caractères plus petits, la médaille d'or de Colette Besson. Je doute que nous soyons tenus désormais de préciser la couleur de peau d'un champion. Le talent des chroniqueurs – envoyés spéciaux à Mexico – n'avait pas vocation à rejeter une époque qui nous paraît si lointaine. Toutefois : « Ce soir à Mexico, écrivait Jean Lacouture, les Jeux ont pris une nouvelle figure. »

Ce sont les Jeux de mon enfance.

Avant Mexico, il y avait eu, au début de l'année – la quinzaine du 6 février au 18 – les Jeux olympiques d'hiver. Les slaloms. La descente de Grenoble. Jean-Claude Killy pour toujours. Dans mon souvenir, le visage de celui que les copains de chambrée appelaient affectueusement « Toutoune » finit par se confondre avec celui de Josh Randall, le héros de la série télévisée *Au nom de la loi*, interprété par Steve McQueen. Il suffit, aujourd'hui encore, d'interroger un enfant dans une cour de récréation. À la seule évocation du nom de Killy, il vous dira que cet homme a inventé le ski. C'était il y a quarante ans. Certains champions promènent longtemps le mystère d'une étincelante transmission de témoin.

Mon père m'avait déniché un gros porte-clés représentant un descendeur. Ce gadget a dû se vendre à plusieurs centaines de milliers d'exemplaires. Petit bonhomme recroquevillé dans la position de l'œuf. Il portait un fuseau bleu ciel, très moulant, avec une belle bande blanche sur les côtés. J'ai perdu de vue depuis longtemps ce petit personnage en plastique. Je sais toutefois qu'il a évité, durant d'interminables séances de slaloms imaginaires, des piquets invisibles que j'avais plantés dans la salle à manger !

Il y avait aussi la frimousse d'Annie Famose. Les rondeurs d'Isabelle Mir. La bonne humeur de Marielle Goitschel. Une France tranquille. « La France s'ennuie », n'allait pas tarder à titrer le plus célèbre des journaux du soir. À Grenoble, tout un peuple savourait dans les chaumières la victoire insolente d'un type de vingt-cinq ans, aux dépens d'un Autrichien un peu râleur. Pauvre Karl Schranz, perdu dans le brouillard. Caméra sur l'épaule, Claude Lelouch filmait les Jeux d'hiver avec la fièvre d'un jeune réalisateur que le Festival de Cannes avait couronné au printemps 1966 : *Un homme et une femme*. Chabadabada… Chabadabada…

Dans l'aire d'arrivée, le Premier ministre

Georges Pompidou faisait des bises à Marielle. Il avait raison d'en profiter. Trois mois suffiront pour que les barricades et la poudre succèdent à la neige. Sans parler de l'affaire Markovic. Alain Delon et les Pompidou seront bien embêtés…

Cette année 1968 ne cesse de charrier des personnages dont le charme s'impose au passage troublant de deux époques.

Bientôt, les champions n'allaient plus se contenter d'enfiler les tours de piste sans broncher. Certes, la gazelle noire, Wilma Rudolph, star de la piste aux Jeux de Rome en 1960, faisait tourner la tête des beaux garçons. À Rome, Cassius Clay n'était qu'un jeune homme de dix-sept ans. Clay, ses coups de poing, sa décontraction légendaire et son jeu de jambes de cireur de ring ne tarderont plus à se mettre au service de la lutte contre la guerre au Viêtnam.

Certes encore, dans le parfum enivrant d'une victoire en Coupe du Monde, les vedettes du football britannique avaient les cheveux longs. Ils savaient prolonger, la nuit, leurs courses effrénées du jour. En 1966 déjà, les artilleurs en short du nord de l'Angleterre – George Best en particulier – faisaient cause commune avec Paul, Ringo et John, dans les caves de Liverpool. Dans ces années-là, il y avait comme une forme de nonchalance et d'espoir.

Serait-ce que les images en noir et blanc ne parviennent jamais à abandonner totalement le sentiment d'une certaine lenteur ?

« La gloire des Jeux olympiques de l'ère moderne, écrit Guy Lagorce, c'est d'être le réceptacle de l'universalisme avec tout ce qu'il suppose, tous les quatre ans, de nouveau et de différent. »

À propos de cheveux longs : Antoine tenait son tube depuis deux ans déjà. Le son de l'harmonica s'est longtemps incrusté dans les murs de ma chambre, à Nanterre. Tout cela ne vous fabriquait pas encore une révolution. Les couteaux dormaient dans les fourreaux. Bientôt, des lames brilleront au soleil des podiums. Quelques années de plus, et le sang séchera à l'intérieur du village olympique.

Cette année-là, on tirait vraiment dans tous les sens.

Au moment où défilent les noms des principaux personnages de Mexico, c'est son environnement social, ses livres, sa musique, ses femmes de cinéma, sa colère qui me reviennent en plein cœur. Je suis incapable de dissocier le podium du deux cents mètres, les larmes de Colette Besson, le saut en hauteur de Dick Fosbury, la folie de Bob Beamon, de toute une galerie de sentiments et de sons qui me plaisaient à la même époque.

La course de Tommie résiste au temps comme le *White Album* des Beatles. Les chansons de Simon and Garfunkel. La voix de Leonard Cohen. Les films de Chabrol, Truffaut ou Polanski.

C'est une triste certitude : la multiplication des compétitions de toutes sortes, le fait que les champions d'hier ont été transformés en de véritables produits, ont changé la donne. Le spectacle du sport ne s'offre plus au bras d'une Histoire en marche. C'est un cirque. Une industrie qui soliloque. Nos enfants ne retiendront que quelques exploits, perdus dans la superproduction d'un nouveau siècle.

En 1968, Mexico n'a pu échapper à la politique. À l'Est, comme à l'Ouest. Un mur infranchissable séparait en effet les deux Allemagne. Un mur, hérissé de fils de fer barbelés, traversait Berlin de part en part depuis le 13 août 1961. C'était une grande première : à Mexico, les sportifs allemands ne faisaient plus cause commune. La RFA et la RDA s'affrontaient sur la piste. Se jaugeaient sur le tartan. Au bord des sautoirs. Dans la nuit un peu moite de ce mercredi 16 octobre 1968, le perchiste Nordwig, cet Allemand venu de l'Est, batailla longtemps contre l'Américain Bob Seagren.

Vingt-trois ans plus tôt, mon grand-père quittait, épuisé, le camp du Loibl-Pass dans les montagnes slovènes, libéré par les partisans de Tito. Il n'en finissait plus de me rappeler gentiment que les anciens SS avaient repris du service en Allemagne de l'Ouest. Ils dirigeaient des tribunaux. Est-Ouest. On était reparti pour un tour.

De part et d'autre de l'échiquier politique, les espions ou les mafias faisaient leur boulot. John Fitzgerald Kennedy eut beau s'époumoner à Berlin, ce jour de triomphe du 26 juin 1963, pour mieux vanter les qualités du monde libre – *Ich bin ein Berliner* –, tout cela était de l'histoire ancienne. Même le frangin, Robert, sera descendu en juin 1968. Deux mois seulement après l'assassinat du pasteur Luther King.

1968 est une année où les compétitions se nouent avec bonheur, au creux de la rage et des révolutions.

C'est tout de même assez facile maintenant de ricaner à propos de l'héritage laissé par ces années.

Lorsqu'on regarde tranquillement dans le rétroviseur, on mesure à quel point Tommie Smith, John Carlos, Bob Beamon, Lee Evans sont allés chercher leurs breloques dans un pays qu'ils se sont finalement inventé. « Parce que c'est là qu'il faut aller chercher la fameuse vérité.

Dans ce goût de revanche féroce qui embrase alors les Noirs américains. »

Ce qui fera dire à John Carlos, troisième de la fameuse finale, le poing gauche ganté de cuir noir : « Nous avons gagné des médailles d'or et reçu des applaudissements, mais la majorité des Blancs estime que nous, les Noirs, sommes des animaux, des insectes qui ne pensent pas. Quand on fait ce qu'ils veulent, les Blancs nous traitent de bons garçons. En fait, ils nous considèrent comme des chevaux de course auxquels on donne un sucre de temps en temps. Nous sommes fatigués de tout cela. »

1968 était une année électrique. Une fichue histoire de liberté s'était mise à cavaler un peu partout. Le type qui avait été le premier à tourner comme un fou autour de la Terre, Iouri Gagarine, venait de se tuer en avion. Il y avait, au stade de Colombes, des rencontres d'athlétisme opposant la France à l'Union soviétique. Mon père, prof de gym, m'y emmenait le dimanche après-midi. Je fus surpris, le nez écrasé contre le grillage, d'apercevoir dans la brume d'automne un jeune homme effaçant une barre, comme une plume parvient, avec grâce, à s'échapper d'un traversin. L'homme qui sautait s'appelait Valery Brumel. Avec ses chevilles de cristal, il effaçait la barre comme on enroule la femme qu'on aime, au réveil. Mais le calme des sautoirs était assez relatif. Dans les deux camps, en effet, ça commençait à bouger sérieusement. Les facs, les ghettos de Los Angeles. Dans les cafés enfumés de Prague aussi. Comme si les coureurs se mettaient brutalement à sortir du bois. Tommie à Mexico. Zatopek à Prague. Zatopek. « Certains se souviennent, dans les années 1970, de l'avoir vu ramasser les ordures dans les faubourgs de Prague[1]... »

On se demandera toujours pour quelles raisons obscures le triple champion olympique à Helsinki en 1952 – cinq mille, dix mille et marathon – fut aussi l'une des premières victimes du Printemps de Prague. Cette triste nuit du 20 au 21 août 1968. Ces coureurs n'auraient jamais le souffle court. Zatopek avait simplement rêvé d'un peu d'huile dans le moteur tchécoslovaque. Un crime pour Moscou.

Mais tandis que Zatopek avait écumé toutes les cendrées du monde, au long cours, Tommie chassait en meute. Il dévorait des distances plus nerveuses. Participait avec John Carlos, à South Lake Tahoe, au deux cents mètres le plus rapide de toute l'histoire de l'athlétisme !

Il s'agissait maintenant de sprinter contre les haines les plus tenaces. Dans l'une de ces planta-

1. Patrice Delbourg, *Zatopek et ses ombres*, Le Castor Astral, 1998.

tions de San Jose, où les ouvriers noirs remplissaient, chaque jour, de grands paniers de coton, Tommie, enfant, avait appris à se taire. Il ne voulait pas faire d'histoires avec les contremaîtres blancs. C'était une façon secrète et muette de prendre rendez-vous avec sa propre histoire. Celle de son père, surtout, qui avait connu les humiliations, les lynchages et les pendaisons sauvages dans le sud des États-Unis. Tommie a préparé en douce le coup du 16 octobre 1968. Quand un directeur d'école est venu le chercher dans la plantation, Tom a suivi le mouvement sans broncher. Plus tard, il ne s'est pas fait prier pour dérouler au collège ses folles accélérations. La piste fumait. Onze records du monde jusqu'à cette sélection aux Jeux de Mexico. C'était une double vie. Les études pour apprendre, la piste pour leur montrer ce qu'il avait dans les pointes. Tommie n'avait plus qu'une obsession : la plus haute marche du podium, pour faire passer le message. Il fallait voir le climat…

Quelques semaines avant les Jeux, une quarantaine d'étudiants noirs avaient été tués dans le Tennessee. À Washington, en avril, ils avaient même été obligés d'envoyer l'armée pour calmer la communauté noire. Le pasteur Martin Luther King venait d'être assassiné à Memphis. Le prix Nobel de la paix 1964 avait été tué d'une balle de fusil dans le cou sur le balcon de sa chambre au Lorraine Motel en Alabama. Romain Gary avait aperçu une grosse mitrailleuse placée juste devant le perron de la White House. Le sauteur en longueur Bob Beamon n'avait pas digéré son exclusion de la sélection universitaire. C'est à cette époque que les célèbres relais du Texas devaient être organisés. Beamon, avec les autres relayeurs, devait affronter les fameux mormons de Brigham Young. Ce qui se faisait de plus radical du point de vue du ségrégationnisme. Avec Bob, une dizaine d'autres athlètes noirs avaient refusé cette confrontation. Ils furent exclus de l'équipe et de l'université.

La veille de la finale, Tommie avait balancé quelques phrases, au village, qui en disaient long quant à sa volonté d'en finir avec l'exploitation des Noirs sur le circuit.

Il y a, du début à la fin de cette finale, comme la présence d'un diamant sombre et à la fois lumineux sur le tartan de Mexico. C'est un diamant qui se déplace, non pas contre le chronomètre qui fascine les hommes de piste, mais contre tous les préjugés qui tiennent, vent debout, dans les chambres d'appel. Plus je revois cette finale du deux cents mètres, et plus se révèle une époque brutalement cernée par quelques brise-lames, décidés à ne plus lâcher prise.

Tommie avance comme le curseur de mon ancienne radio, quand je cherchais, dans ma nuit, la bonne fréquence. Cette fréquence ne tarderait plus à faire vibrer les oreilles de Brundage, complètement fou de colère au soir des événements. Il faudra le sang des otages israéliens de Munich, quatre ans plus tard, pour que le président du CIO se décide à passer le témoin. À Mexico, dès le lendemain de leurs protestations, Avery Brundage exigera leur départ avec armes et bagages. Dans la nuit précédant sa course, on aperçut Lee Evans en pleurs, incapable de trouver le sommeil, se demandant s'il allait prendre le départ de la finale du quatre cents mètres.

Ce que nous aimons dans les photos de Diane Arbus, ou les premières provocations d'Andy Warhol, tient sans doute à l'émergence de ces personnages un peu déglingués, en marge, et que la fin des années 1960 installe définitivement.

Je revois la course de Tommie. Le poing levé. Ce béret noir de Lee Evans et Freeman. J'entends encore la voix rauque, la guitare sèche de Richie Evans chantant : « *Freedom, freedom…* » Je pourrais apercevoir la silhouette, frêle et brune, de Joan Baez sur la grande scène de la Fête de l'Huma : « Je suis une anarchiste pacifiste. » Plus loin, Jacques Duclos semble s'étouffer.

On ne parvient plus à dissocier les images les plus spectaculaires. La photo de Tommie, John, et du jeune Australien solidaire, Peter Norman, est certainement l'un des clichés les plus célèbres du XXe siècle. Nous retenons ainsi trois ou quatre photos essentielles – Che Guevara, photographié par Korda, Willy Brandt s'agenouillant sur le bitume mouillé de Varsovie, ou bien ce jeune homme, en Chine, déposant une fleur sur un char qui lui fait face. Ce gosse, aussi, qui tient un flingue dans une rue de New York. La photo est de Klein. Avant la photo du podium de Mexico, quelques heures avant le sourire pincé du marquis d'Exeter chargé de remettre les médailles, il y avait eu la course.

Fabuleuse et brève. Noire et blanche. Avec les années, on pourrait croire à une vraie blague, cette histoire d'intercaler, entre les deux coureurs noirs les plus rapides du moment, un jeune blanc-bec qui vient piquer la deuxième place !

« La vitesse, écrit Milan Kundera, est la forme d'extase dont la révolution technique a fait cadeau à l'homme. Contrairement au motocycliste, le coureur à pied est toujours présent dans son corps, obligé sans cesse de penser à ses ampoules, à son essoufflement ; quand il court, il sent son poids, son âge, conscient plus que jamais de lui-même et du temps de sa vie. »

Plus tard, renvoyés du village olympique, exclus de toutes les sélections américaines, privés de travail, Tommie et John commenceront vraiment à réaliser ce qu'ils ont fait, le 16 octobre 1968, sur le podium de Mexico. Ce livre est l'histoire de cette révolution, en 19 secondes et 83 centièmes.

De cette soirée date mon désir secret de commenter, plus tard, les grands rendez-vous de sport. Mes après-midi de 1968 furent ensoleillés : en l'absence de toute vigilance familiale, Chantal, une très jeune fille, me gardait, dont je conserve encore en mémoire le paysage sauvage et parfumé d'un corsage prometteur. Mon père avait effectué un transfert politique en direction des compétitions sportives. J'éprouvais les pires difficultés à partager son enthousiasme pour la sprinteuse polonaise, Irena Szewinska, le triple sauteur soviétique Victor Saneïev, les nageurs est-allemands Roland Matthes et Cornelia Ender. Les événements qui se déroulaient sous nos yeux, en direct, m'offraient un petit miracle. La politique faisait une entrée fracassante dans le monde du sport. Pour Yves, c'était du bon côté. Les types qui allaient se mettre en chaussettes sur les podiums défiaient l'Amérique de la guerre du Viêtnam. Les filles à moustache – dopées à mort – de la RDA ne l'inquiétaient pas. Et pas davantage, plus tard, les cavalcades grotesques du sprinteur le plus rapide de l'histoire des femmes en short : Renate Stecher.

À la différence des sports collectifs où le champion doit se mettre au service du plus grand nombre, le coureur chasse en solitaire. Il règle son rétroviseur en fonction des distances. Il est difficile – parfois même douloureux – de rencontrer tous ceux qui furent les héros de notre jeunesse. Longtemps après la soirée de Nanterre, je fis la connaissance de Colette Besson. La maladie était parvenue à mettre cette femme aux arrêts. Mais ses cheveux toujours aussi bruns et épais, sa peau mate me donnaient la sensation qu'un petit rien de santé supplémentaire la relancerait pour un tour de piste. Ses lèvres peintes, son sourire effaçaient avec grâce les assauts de la maladie. C'est assez dire la puissance de ces événements sportifs sur l'imaginaire d'un enfant. Sans doute aussi parce que, cette nuit du 16 octobre 1968, elle offrit à l'athlétisme féminin sa première médaille d'or depuis Micheline Ostermeyer à Londres, en 1948 ! Et beaucoup plus que cela : en dévalant la pente de Mexico, il lui avait suffi de cinquante-deux secondes pour inverser les rôles : le *fighting spirit* dont les Britanniques nous rebattaient les oreilles venait brusquement de changer de camp. C'est le caractère unique de l'athlétisme et en particulier des sprints longs. À la sortie d'un dernier virage, vous vous êtes imperceptiblement habitué à la défaite. Colette, cinquième à cent mètres de l'arrivée, se promettait une douce vie d'anonyme, quelque part du côté de Langon. Charentaise oubliée. Cent mètres plus loin, elle posa doucement l'index sur sa lèvre supérieure. Dans un baiser, elle tenait simplement à nous dire qu'elle n'en revenait pas. Nous partageâmes, avec Yves, les trémolos du podium.

Quelques instants avant l'entrée en scène de Tom et de toute la bande du deux cents, cette nuit nous avait déjà renversés. Une ligne droite est capable de vous accompagner toute une vie. Rien à voir avec ce que l'industrie du sport est devenue. Pour suivre une compétition de haut vol, il fallait tout de même le vouloir. Les pistes et les matchs étaient rares. Deux chaînes de télévision. Une seule en couleurs. L'écran n'était pas encore barbouillé par ces centaines de milliers d'images de sport. Bientôt, tous ces champions deviendraient les nouvelles icônes de notre quotidien. À défaut d'images et de repères, il faisait bon, l'été dans un jardin, écouter la plainte lointaine, à la radio, du nouveau record de l'heure établi par Jacques Anquetil. Les vedettes d'hier n'étaient pas encore les champions d'aujourd'hui. Sauf de très rares exceptions. Les maillots ne portaient aucune publicité. Le dimanche midi, juste après *La Séquence du spectateur*, nous regardions Denise Glaser. Sur le plateau de *Discorama*, Michel Polnareff se prenait pour Françoise Sagan. Les retransmissions de sport nous semblaient délicieusement lointaines. Presque maladroites. « Allô, les studios ? » La couleur débarquait à pas lents. C'était un luxe que seules les familles les plus aisées pouvaient s'offrir. C'est sans doute ce que nous aimons, aujourd'hui, dans le fait de revoir certaines images en noir et blanc. Le succès de l'Histoire revisitée. C'est notre jeunesse perdue que nous avons l'illusion de retrouver. Je suis bien incapable de deviner quels seront les souvenirs de sport les plus tenaces pour les générations futures. J'ai peur, parfois, que les corps des champions finissent défigurés par un univers de marchands et de gladiateurs. Un homme est mort au cours d'une rencontre comptant pour la Coupe des Confédérations. Nous l'avons déjà oublié.

Les héros de sport nous bouleversaient autant par leurs performances que par cette timidité, ce charme fluide, qu'ils abandonnaient sur leur passage. Ils avaient l'élégance de ne pas se prendre pour des dieux. Ils n'étaient pas encore tatoués. Ou si peu. À leur manière, ils faisaient corps avec une époque qui n'avait pas encore congédié la lenteur. Époque pas si lointaine qu'il fallait, à tout prix, coloriser ! Il fallait aussi – cela viendra – gommer les marques d'un temps qui avait tout de même le mérite de tolérer nos écarts. Alors, nous effacerons les traces de gauloise bleue, au coin des lèvres de Raymond Kopa qui en faisait la publicité. Il faudra s'habituer à regarder Lauren Bacall privée de sa splendide cigarette, interpellant Humphrey Bogart dans *Le Port de l'angoisse* : « *Anybody got a match* ? » Il faudra supprimer des livres d'histoire les photos compromettantes de Georges Pompidou et de son collaborateur, Jacques Chirac, clope au bec, négociant avec le patron de la CGT, Georges Séguy, les accords de Grenelle.

Au moment où Colette Besson vint casser le fil de sa finale, sous le menton de la Britannique Lilian Board, Nanterre dormait à poings fermés. Je pourrais tout dire de la dernière ligne droite, cheveux au vent, de cette jeune fille des plages rochelaises. Les caciques de la Fédération française d'athlétisme avaient beaucoup douté. Colette avait ignoré les critiques avec une discrète obstination. Elle avait enfilé toutes les courses précédentes comme on enfile des perles pour s'en faire un collier. Son fiancé M. Durant-Saint-Omer veillait. Les quarante derniers mètres de sa finale nous obligèrent à nous rapprocher de la télévision. La France n'était plus habituée à faire des médailles sur ce genre de parcours.

La première chaîne était en noir et blanc. Yves et moi étions de vrais myopes. Les images étaient fragiles. Grises et floues. Il arrivait qu'elles sautent. Disparaissent. L'interlude nous faisait patienter. Un petit train envahissait brusquement notre écran. Catherine Langeais ou Jacqueline Huet finissait toujours par nous rassurer : « Dans un instant, c'est promis, nous allons retrouver nos envoyés spéciaux. » Quarante ans ont passé. Je chante encore les quelques mesures du prélude de cet incontournable *Te Deum* en ré majeur de Marc-Antoine Charpentier. C'était sa façon, à l'Eurovision, de nous annoncer les images.

À Mexico, les triples sauteurs en avaient fini avec les photographes. Le Soviétique Victor Saneïev, sacré champion olympique, était radieux. Je me souviens que mon père m'a poussé du coude car mes yeux me piquaient. Dans le virage opposé à la ligne droite, en effet, des types venaient de se mettre sous les ordres des starters. Il était 0 heure 50 à Paris. À peine 18 heures à Mexico. J'ai ouvert les yeux. Roger Bambuck occupait le couloir 2, non loin de la corde, juste à côté de Tom. Ensuite, tout est allé si vite…

Au moment où Tommie Smith, vingt-quatre ans, s'apprêtait à réaliser son rêve, mon père me donna l'autorisation de suivre cette finale, bien que l'heure de sa retransmission fût tardive. J'avais tout de même intérêt à ne pas trop la *ramener* dans cette affaire. Les événements du printemps dernier m'avaient permis de buller tranquillement. L'école était une affaire assez lointaine. Je n'étais pas très frais. Trois mois sans cartable. Mes parents tenaient les piquets de grève. Je fumayais quelques gauloises bleues sur les hauteurs de Nanterre. J'avais tendance à préférer les exploits de l'AS Saint-Étienne et du FC Nantes, camouflant sous les couvertures la voix de Fernand Choisel, sur Europe 1. Le football et les filles plutôt que *Les Trois Mousquetaires*. L'entrée en sixième promettait d'être difficile. Hervé Revelli, Robert Herbin, Aimé Jacquet me berçaient dans mon sommeil. L'été, sur le sable mouillé, j'étais, selon mon humeur, Philippe Gondet, Jean-Claude Suaudeau, ou Henri Michel. Roger Bambuck était ma locomotive préférée. Pas un mercredi sans la lecture obsédée de *Miroir Sprint*. À défaut d'en pincer pour le calcul mental, j'avalais, comme des sucres d'orge, les éditos de François Thébaud ou Maurice Vidal. La couleur n'existait pas. Ou si peu. Nous l'inventions en refaisant les matchs, entre copains, sur le parquet du salon. L'été aussi, sur les plages de l'Atlantique. Il faut avoir aimé le sport – et non ses seuls chiffres – pour mesurer la joie d'un enfant devinant dans le repli lointain d'un kiosque à journaux la présence du journal *L'Équipe*.

L'enfance sait assez bien faire le tri dans les souvenirs à conserver pour plus tard : après le farniente des mois d'avril et mai, il avait fallu reprendre le collier. Les Jeux tombaient à pic. Pour se consoler de la gifle reçue par la gauche aux dernières législatives, mon père avait fait l'effort de louer une télévision. Le système de la location permettait de se séparer du poste une fois les Jeux terminés. Yves n'en faisait pas une affaire de résistance à l'égard du pouvoir de l'image. Simplement il n'avait pas digéré les reportages faisant de Paris, au mois de mai, une capitale assiégée. La vie en province ressemblait encore à un gros chat qui s'étire mollement. La mode était au système hydraulique. Le Français moyen rêvait de DS 21. Une voiture qui prenait le temps de monter en puissance sur ses grands chevaux. À l'arrêt. En ronronnant. Notre carte routière faisait encore la part belle aux départementales. En cas d'accident, on s'enroulait doucement autour d'un platane. C'était une France tenue. Dans les dortoirs des colonies de vacances, filles et garçons faisaient chambre à part. Orly ressemblait à un joli hangar à vieux coucous. Stéphane Audran excitait les adolescents dans *La Femme infidèle* de Claude Chabrol. Bref, dans l'arrière-pays, on avait eu la trouille. Les barricades de la rue Gay-Lussac les avaient affolés. Les cheveux rouges de Daniel Cohn-Bendit brillaient dans les manifs. À croire que Paris était à feu et à sang. Même Thierry Roland et Michel Drucker avaient été virés de la télévision. Une nouvelle Commune hantait les familles derrière les volets clos. La réflexion du nouveau député UDR, Antoine Sanguinetti, faisait bien rire mes parents : « Je crois que s'il avait fallu envoyer mon chien, il aurait certainement été élu… ! »

Je devinais qu'avec la protestation des athlètes noirs américains nous irions au terme de la retransmission du soir. Bonheur intense. Mon programme télévisuel irait au-delà de *Kiri le clown*, des *Incorruptibles* avec Robert Stack, ou des informations de *Télé-Soir*, à 20 heures ! Il faut reconnaître que la concurrence n'était pas de nature à mettre notre soirée en péril. Yves Montand chantait Prévert dans une nouvelle émission de variétés, mais c'était en début de soi-rée, sur la chaîne couleur. Mexico, en direct, nous obligeait à entamer notre nuit devant le petit écran. À 18 heures, quand débutaient les pre-mières grandes finales d'athlétisme, il était minuit passé à Paris. Trois quarts d'heure d'attente, après la course de Colette Besson. Le sport était plus que jamais une affaire d'hommes ! Avec mon père, nous étions enfin prêts à embarquer pour le dernier modèle de Continental Edison, posé à bonne distance, sur une petite table en Formica rouge que ma mère avait apportée de la cuisine. Je suppose que ces moments passés en tête à tête avec Yves, face à de tels événements, ont pesé, plus tard, dans le choix de mon métier. Un enfant qui regarde son père lever le coude doit finir par aimer les alcools forts. Un autre, qui prend des coups, a de fortes chances de mettre de côté quelques bourre-pif, pour plus tard. C'est ainsi que je me suis mis au régime Coupe du Monde et Jeux olympiques, à la radio. Pour prolonger ces soirées enchantées de la fin des années 1960.

La chevauchée de Colette Besson se termina en larmes sur le podium.

Le charme de l'athlétisme : savoir faire court dans les moments les plus longs. Les plus intenses. Colette n'eut besoin que de quatre-vingts mètres pour avaler les filles de la piste. Scott, Henning, Penton, l'Anglaise Simpson, et la charmante doctoresse, la Russe Natalia Pechenkina. Ne restait plus à Colette qu'à dépasser, pour toujours, Lilian Board, dont les cheveux courts rappelèrent un instant à mon père les déambulations de Jean Seberg vendant *Le Monde* à la criée sur les Champs-Élysées. Ce fut fait sur dix mètres. Ma poitrine d'enfant ne manqua pas d'exploser. Tandis que Tommie et les sept autres finalistes du deux cents s'apprêtaient à rejoindre la chambre d'appel, nous goûtions un bonheur féminin. Des images prenaient rendez-vous avec ma collection de souvenirs. Quarante ans ont passé. La nappe sur laquelle nous venions de dîner était blanche. Le téléphone ne sonnait jamais après 22 heures. Nous étions joignables

sur un seul gros combiné noir en Bakélite :
« Boileau, 41 38. » Dans la rue, les femmes ressemblaient souvent à de jolies dactylos. Les premiers désirs, sous les minijupes, étaient contenus
par des manteaux très droits, impeccables et
serrés à la taille. Avec de gros boutons comme
pour garder un coffre-fort. Ces jeunes femmes
exprimaient une timidité sur le point de céder.
Elles avaient souvent un petit quelque chose de
Chapeau melon et Bottes de cuir. Aujourd'hui
encore, il me suffit de revoir certaines images
tournées à l'époque par le cinéaste Jean-Luc
Godard, pour mesurer à quel point le pays n'en
finissait plus de se jeter dans les bras de nos
grands-mères. Une femme était vieille à quarante
ans. La Pompadour les habillait au 32 boulevard
Haussmann. Heureusement, Marlène Jobert et
Chantal Goya, dans *Masculin-Féminin* avaient
envie de tailler la route. Les tours de la Défense
n'existaient pas. Le trou des Halles était à creuser. Du neuvième étage de mon HLM, 85 avenue
Joliot-Curie, j'apercevais, la nuit sur le balcon,
toutes les petites lumières des bidonvilles où
s'entassaient les familles d'immigrés.

Nous pensions que cette ligne droite s'achevait
pour de bon, avec la victoire de celle que Blondin
considérait avec merveille comme « une fille
essentiellement du niveau de la mer »... Nous

avions tort. La ligne droite se répétait chaque fois que nous l'évoquions, entre amis. C'était une ligne droite en noir et blanc, avec, sur la gauche de l'écran, une pouliche brune et sensuelle venant coiffer sur le poteau une jeune rousse, pâle et anglaise. À l'arrivée, c'est finalement l'Anglaise qui est partie la première. Emportée par le cancer. Tout l'inverse du duel entre Jacques Anquetil et Raymond Poulidor. Sur son lit de gisant, en effet, le Jacques, bardé d'humour noir, avait eu le courage de glisser à Raymond que, une fois encore, il prendrait la deuxième place. Ceux et celles que nous avons aimés au travers des compétitions sportives, nous les retrouvons dans notre vie de tous les jours. Quand Lilian Board mourut, ce fut l'occasion de revoir à la télévision la ligne droite de sa défaite. Avec le temps, les couloirs devenaient de tristes déserts. Et lorsque Colette Besson, à son tour, finit par renoncer, nous avons réalisé qu'il n'y avait plus d'épreuve. Les deux filles étaient maintenant à égalité. Le tour de piste était terminé.

*J'essaie de me dominer, pendant qu'on m'explique
une fois de plus que « vous ne pouvez pas comprendre, vous n'avez pas dix-sept millions de
Noirs en France ». C'est vrai : mais nous avons
cinquante millions de Français, ce qui n'est pas
jojo non plus.*

Romain Gary, *Chien Blanc*, 1970.

Le cent mètres est l'épreuve reine des Jeux
olympiques d'été. Cette époustouflante brièveté
qui parchemine nos mémoires. Comme la descente des Jeux d'hiver. Tout va si vite. Ceux et
celles qui s'imposent sur des distances beaucoup
plus longues se doivent de créer la sensation afin
de rester dans l'Histoire. Les pieds nus, à Rome et
Tokyo, du marathonien éthiopien Abebe Bikila.
La souffrance du coureur de mille cinq cents
mètres, Jim Ruyn, qui s'écroule, faute d'oxygène.
La Walkyrie de l'homme de Fidel, Alberto
Juantorena. Les bombardiers du sprint n'ont pas
besoin de battre des records pour que, à peine
prononcés, leurs noms fassent écho dans nos souvenirs. Jesse Owens, le pur-sang de Berlin 1936.

Bob Hayes, le déménageur ambulant de Tokyo en 1964. Jim Hines, le sprinteur qui aimait les Blancs. Il avait refusé de s'associer à la révolte des coureurs noirs de Mexico. Plus près de nous, Linford Christie, le pit bull de Barcelone 1992. À l'arrivée, ce mauvais garçon n'hésita pas à mimer un coup de revolver en direction du public américain. Sans doute la conscience, très jeune, d'une telle brièveté – depuis 1908, jamais beaucoup plus de dix secondes – m'a-t-elle aidé, plus tard, quand je me suis mis à commenter des épreuves dont le souvenir était vivace. Progressivement, en effet, dans les stades, nous nous sommes éloignés du réel. Nous avons fini par commenter des images, tout autant que cette fulgurance qui se déroulait, en direct, à nos pieds. Nos aînés avaient passé leurs temps à lever la tête pour ne pas manquer une miette du spectacle. Nous apprenions à la baisser vers nos ordinateurs. Deux jours après la folie de Tommie, l'ancien sprinteur devenu journaliste, Guy Lagorce, se posait tranquillement au ras du sautoir, là où Bob Beamon s'apprêtait à faire bouger le monde. Il vit passer un « long lévrier, maigre, et souple. Il filait, caréné comme un avion supersonique. »

Vers une heure, je me suis efforcé de rester en

éveil. Cette fois, la finale du deux cents venait d'exploser.

« Regarde, me dit mon père, Bambuck est dans le coup.

– Tu crois, papa ? »

C'est le charme supplémentaire des sprints longs. Tout n'est pas joué d'entrée. Le Guadeloupéen s'était en effet relevé, pratiquement dans le coup de feu du starter. C'était un jeune homme de vingt-trois ans. À l'époque, on pouvait dire qu'il rivalisait avec les meilleurs. Les Américains bien sûr. Les Cubains. La Jamaïque, Trinidad, Afrique et compagnie… Tout ce qui s'est toujours retrouvé dans la chambre d'appel d'une finale de deux cents mètres. Roger Bambuck était assez fier de se retrouver à la bagarre avec les types les plus rapides du monde. Il avait été de l'une des courses les plus folles, à Sacramento, quelques semaines avant les Jeux. Jamais à la traîne. Il avait couru en dix secondes. Un temps énorme. De quoi inquiéter les meneurs des cent et deux cents mètres, Charlie Greene, Hines ou Pender ! Bien sûr qu'il se sentait solidaire du combat des Noirs contre les discriminations, mais il vivait tout cela dans un monde de silence. Les Blancs de l'équipe de France, n'en parlons même pas. En 1968, les sportifs ne faisaient pas de politique. Ils étaient de droite. Gaullistes, c'est tout. Forcément, Roger Bambuck s'est souvenu de toutes ces histoires quand il est devenu ministre des Sports sous Michel Rocard, en 1988. Vingt ans avaient passé. On était loin du virage de la finale de Mexico. Mon père avait raison. Sur le coup, c'est vrai qu'il était parti comme une bombe, Roger. Cinquième de la finale du cent mètres, puis les séries, enfin les deux dernières courses précédant celle du deux cents mètres. Les Américains l'avaient mauvaise. Ils n'en revenaient pas de constater que Bambuck, au fil des courses, tenait toujours sur ses jambes. La veille encore, il était au lit. Une sale angine. Juste avant la demi-finale, le médecin de l'équipe de France lui avait conseillé d'être un peu malin. Il s'était écroulé dans l'aire d'arrivée. On lui avait refilé une bonne dose d'oxygène. Une grande demi-finale. Il avait pris la quatrième place, égalant au passage le record d'Europe. 20 secondes et 4 centièmes ! John Carlos, avec son allure de sale môme tout juste sorti du Bronx, en avait profité pour taper le record olympique. Pour l'oxygène, l'affaire se déroulait à plus de 2 240 mètres d'altitude. Personne n'irait vérifier le souffle de Roger Bambuck. Les Américains n'étaient pas des tendres. Ils étaient très excités. Des durs à cuire. Dans le village olympique, on les apercevait en boubous, trimballant des colliers récupérés chez les Africains. Ils préparaient un coup. Ils l'avaient exprimé. La victoire était devenue indispensable. Bambuck, ça ne l'avait jamais empêché de passer le témoin à des Blancs pendant les courses de relais ! Depuis plusieurs années, il bossait dur, au côté de Piquemal, Delecour et Fenouil. D'ailleurs, ils allaient prendre une belle médaille de bronze en finale du quatre fois cent mètres. Tous les comptes se réglaient sur la piste. John Carlos avait été bluffé par les performances du coureur guadeloupéen, bien avant la finale. Les Américains fonctionnaient à l'intimidation. Au village, John avait promis à un Australien qu'il allait botter les fesses de son adversaire direct, Peter Norman. Mais c'était plus fort que lui : Roger Bambuck ne pouvait s'empêcher d'admirer les deux sprinteurs américains. C'était une attirance qui avait à voir avec la peau. Avec les souvenirs. Les Blancs ne pouvaient pas comprendre. Roger Bambuck n'avait pas oublié cette odeur entêtante de la canne à sucre, venue des chariots qui passaient sous ses fenêtres, dans son quartier du Bas de la Source à Pointe-à-Pitre. Au lycée, il avait failli adhérer au parti communiste. Quelques visites aussi à cette cellule des jeunes ouvriers. Plus tard, en métropole, c'est sur la piste qu'il était réellement parvenu à s'intégrer à la nation. Il n'en pensait pas moins. Roger Bambuck avait toujours imaginé un autre lien avec la France. Il faisait partie de cette génération de jeunes révolutionnaires bercés par l'espoir de Lumumba, Frantz Fanon, et surtout Aimé Césaire. « Et puis mince, j'étais noir et le suis toujours », m'a-il dit quand je l'ai revu à Paris pour l'écriture de ce livre. Il ajouta : « J'étais concerné. La très grande majorité des athlètes de l'équipe de France se fichait de toutes ces questions. Nous vivions dans un milieu ouvert. À de très rares exceptions, seuls les Noirs pouvaient mesurer ce qui était en train de se jouer sous nos yeux, c'est-à-dire la lutte pour le respect des droits humains. » Nous avons parlé tous les deux, comme un grand frère explique à son cadet le parfum des choses. Yves aurait aimé ce genre de discussion. C'était tout de même quarante ans après cette fichue soirée du 16 octobre. Mais il me semblait apercevoir la même douceur dans la voix et le regard de Roger Bambuck. Une forme de retenue. Tout cela se passait dans les anciens locaux de la CGT, 213 rue Lafayette. L'ancien ministre des Sports de François Mitterrand avait hérité d'une mission à l'Institut de recherche pour le développement. Un bâtiment suffisamment vétuste pour qu'on y retienne les petits bruits de l'Histoire. C'est dans l'un de ces bureaux, en effet, que Georges

Pompidou, Édouard Balladur, Chirac et Séguy finirent par se mettre d'accord sur une augmentation générale des salaires. Dans la foulée, huit millions de grévistes allaient reprendre le chemin de l'usine. Roger Bambuck m'avait raccompagné jusqu'à l'ascenseur qui avait accueilli les principaux acteurs du printemps de mai. Les sprinteurs n'échappent pas au temps qui passe. Comme la plupart de ses adversaires, cet homme parvenait à résister au poids des ans, grâce à l'acier de ses cuisses. Les fondations tenaient le toit. La même impression reviendra, face à la silhouette de Tommie. Et j'avais ressenti cette puissance au contact de Guy Lagorce. Je voyais en effet cet homme de soixante-dix ans, le buste droit sur des jambes légèrement arquées. Jusqu'au bout, sans doute, les jambes de ces types qui étaient capables durant leur jeunesse de cavaler à près de 40 km/h, porteraient l'héritage d'une gloire disparue. Les plus rapides de la bande n'étaient souvent séparés que par quelques dixièmes de secondes. C'est à Mexico que le chronomètre électronique fut mis en place pour la première fois. Je me suis souvent demandé d'où venait, chez les Américains, cet *air* si particulier ; ce goût de la bagarre, digne de ces coins de rue mal éclairés. C'était une interrogation qui avait le chic pour déclencher les emportements de mon père.

À l'époque, il tenait à nous dire que c'était à la fois la faim et une forme de révolte sociale qui faisaient courir les Noirs plus vite que les autres. Naïvement, j'imaginais que Roger Bambuck avait certainement plus faim que les coureurs blancs de l'équipe de France, mais qu'il était sans doute plus heureux que ses adversaires américains ! D'ailleurs, dès que le starter s'était retiré, la silhouette de Roger Bambuck nous semblait toujours plus timide. Comme effacée à la craie par les voyous américains. Avec le recul, la réflexion de mon père posait la question brûlante des relations entre minorité raciale et sport de haut niveau. Au moment exact où les huit finalistes du deux cents mètres explosent avec l'espoir du titre, trois ans à peine se sont écoulés depuis les émeutes de Watts, à Los Angeles. Entre le 13 et le 16 août 1965, la population noire de la ville californienne s'était soulevée. Affrontements et pillages. Les chiffres officiels avaient évoqué la mort de trente-deux personnes, dont vingt-sept Noirs. Après Watts, les milieux les plus conservateurs n'y allaient pas de main morte pour la protection des voisins. Des images en noir et blanc me reviennent de ces manifestations réprimées par les chiens. Et pas uniquement en Afrique du Sud où Nelson Mandela n'en était encore qu'au tout début de sa détention. Le gouverneur ségrégationniste de l'Alabama, George Wallace, recueillit plus de dix millions de suffrages au cours des élections qui allaient suivre. À croire en effet, comme le souligne après la course Raymond Marcillac, que Tom fut en définitive plus motivé par la rage noire que par cette finale olympique. Maintenant, Tom devrait se préparer psychologiquement à recevoir chez lui des colis remplis de bouse de vache, ou des menaces de mort, destinés à lui faire comprendre que son geste, sur le podium, était vraiment déplacé. Il prendrait l'habitude, le matin, de jeter un œil sous le capot de sa voiture. Il était prêt. Il gardait en mémoire la souffrance de son père, James Richard, et la fatigue de sa mère, Dora, dans les champs de coton du Texas. Ce qui fit dire à Roger Bambuck, en guise d'au revoir : « Tu sais, Tommie venait vraiment d'un autre monde. »

C'était la démonstration que la course à pied, dans sa fulgurance, avait tissé de mystérieuses relations avec une forme de *savoir-vivre.* Il suffisait d'observer les visages des finalistes pour cerner d'où ils pouvaient venir. John Carlos, qui avait passé une bonne partie de son enfance à fuir les policiers dans Harlem, nous offrit un visage de circonstance. Au début des années 1960, un flic qui l'aimait bien fit tout pour le convaincre de se mettre à la course à pied. Ce flic était fatigué de le courser, un soir sur deux, jusqu'à l'échoppe de son père, un tranquille cordonnier. John Carlos ne se fit donc pas prier pour démarrer cette finale comme un malade. Pied au plancher. Son démarrage, puis cette façon de piocher dans l'espace avec sa tête qui dodelinait, témoignaient d'une absence sauvage de calcul. Rien à voir avec Tom. L'élève de Bud Winter, couloir 3, était alors au bout d'un voyage qui avait guidé sa jeunesse. Tout avait été calculé au millimètre. En lisant *Chien Blanc*, la charge de Romain Gary contre la bêtise universelle qui conduit parfois à défendre le racisme, j'observe que même les Noirs peuvent en prendre pour leur grade. Ce fut un trop-plein de violence et de privations qui fit de Tommie un révolté authentique. Il ne savait pas encore que son boulot servirait plus tard la génération Carl Lewis. Lewis, Powell, Johnson prirent de la distance avec les enragés des *sixties*. Ils avaient l'argent, le spectacle et la notoriété. Ils n'éprouvèrent aucune difficulté à se draper dans la bannière étoilée. Pour Tom, au contraire, c'était vraiment au cordeau que tout devait se jouer. Quelle puissance pourrait bien avoir son geste s'il n'était pas sacré champion olympique ? Le podium était intimement lié à la course. Avec une plume trempée dans la couleur de l'époque,

Raymond Marcillac, envoyé spécial à Mexico – pour service rendu au pouvoir gaulliste –, lâchait dans les colonnes du *Monde* cette analyse : « Tommie Smith, étudiant à l'université de San Jose, est un magnifique athlète de 1 m 91 pour 78 kilos. C'est une attraction de le voir courir, tellement il est harmonieux en action. Il ne semble pas apprécier particulièrement la course à pied. Il court en dilettante, parce qu'il est doué mais sans passion. On se demande quel plafond il atteindrait s'il s'intéressait un peu plus à son sport, grâce auquel il va pouvoir gravir quelques échelons de l'échelle sociale, car la famille est nombreuse et peu fortunée. » Le terme « attraction » renvoyait à la foire aux bestiaux. C'était justement ce qui avait fini par agacer les champions noirs américains. On mesure ainsi la force des préjugés, y compris en France, à l'époque. Le fait que Raymond Marcillac – avec Christian Quidet, Stéphane Collaro, Loys Van Lée – ait eu la mainmise sur les Jeux à la télévision française n'explique pas tout. Certes, ils étaient aux ordres du pouvoir en place et ne s'étaient pas fait prier pour trahir leurs collègues, en grève depuis plusieurs semaines. Une splendide chasse aux sorcières avait accompagné la reprise du travail. Roger Couderc, Thierry Roland, Michel Drucker, Robert Chapatte et beaucoup d'autres moins connus furent renvoyés. Pendant quelques mois, la radio leur permit de se refaire une santé. Surtout, l'époque n'était pas encore à la prise de conscience politique chez les sportifs de haut niveau. Quelques petits-fours leur étaient parfois offerts sous les lambris dorés du salon Murat, au palais de l'Élysée. Rien de plus. Les sportifs étaient invités à remporter des médailles, des championnats ou des coupes. Pour le reste, le soutien à l'action du général de Gaulle suffisait amplement. Il faudra l'arrivée de la gauche au pouvoir, en 1981, pour que l'on réalise avec tendresse que des footballeurs ou des coureurs à pied avaient le culot de penser à gauche !

Je sais bien que cette nuit du 16 octobre 1968 compta pour beaucoup dans ma façon de comprendre une manifestation sportive. Jamais je ne pourrai séparer ce spectacle de l'environnement dans lequel il se déroulait. À partir de cette course, puis de la remise des médailles, j'apercevrais toujours, derrière chaque match, chaque saut ou chaque descente à skis, tout ce que le temps nous retire d'une époque qui faisait le cadre de l'exploit que mon père me commentait. J'ai compris, plus tard, qu'en appréciant tel ou tel événement c'était mon propre passé que j'aimais, comme un enfant ne supporte pas de devoir remiser ses jouets pour cause de passage à l'âge adulte.

Cette soirée du 16 octobre était ainsi beaucoup plus qu'une simple soirée entre hommes, devant une finale olympique. Elle avait lieu à Nanterre, à la fin des années 1960. Dans un petit trois pièces, situé juste au-dessus d'un boulevard où, sept ans plus tôt, des centaines de travailleurs algériens avaient défilé, quelques heures avant d'être précipités dans la Seine, du pont de Suresnes. Il y avait ainsi, en sourdine de la finale, cette volonté du père de protéger le fils, pour plus tard, d'un éventuel rejet de l'autre. Dans son livre, *Notre philosophe*[1], le romancier allemand Gert Hofmann parvient, littéralement, à rendre l'atmosphère des années 1930, par le biais du chuchotement d'un enfant dans le sillage de ses parents. L'enfance est capable de retenir beaucoup. L'essentiel de tout ce qui a pu se tramer sur son passage. C'est ainsi que j'appris très tôt – comme une sorte d'apprenti journaliste – le rôle de Maurice Papon ; son expérience, surtout, dans la répression. Il fallut au moins quarante ans pour que les télévisions, les radios – et encore, du bout des lèvres – finissent par évoquer ce que je savais depuis mes toutes premières années. Papon, préfet, était responsable de la mort de plusieurs centaines de travailleurs algériens. Les « bougnoules ». Certains,

---

1. Gert Hofmann, *Notre Philosophe*, Actes Sud, 1997.

noyés ; d'autres, abattus comme des chiens. L'un de mes premiers souvenirs est sanglant. J'ai presque quatre ans. C'est la nuit. Un homme, un Algérien, a le visage complètement ensanglanté. Des types l'ont massacré et ont fichu le camp. Il cogne à la vitre de notre 404. Mon père s'explique avec un ambulancier qui ne veut pas conduire le blessé à l'hôpital de Nanterre. Je suis sur la banquette arrière. J'entends encore la réflexion du chauffeur : « C'est un bougnoule ; un crouille. » Sept ans plus tard, au moment où Maurice Papon vient d'être nommé trésorier de l'UDR, il me semble apercevoir des bougnoules sur le podium de Mexico. C'étaient des hommes en colère. Ils avaient souvent connu la crainte ou l'humiliation. J'établissais une étrange relation entre ces deux champions, qui levaient le poing en silence, et certaines réflexions qu'enfant je pouvais capter à la volée. Cette commerçante, une grosse femme qui m'expliqua – alors que deux clients noirs venaient de quitter la boutique – qu'il allait certainement pleuvoir.

« Mais pourquoi, m'dame ? », je lui demandai.

Et elle : « Parce qu'*ils* sentent. Et quand *ils* sentent, ça veut dire qu'il va pleuvoir. »

Il avait donc fallu à Tom une sacrée dose d'obstination pour imaginer que la seule solution, pour en finir avec ça, c'était le silence sur un podium, poing levé. Plus tard, en bout de table – il était venu inaugurer un gymnase qui portait son nom à Saint-Ouen –, Tom me dit doucement qu'il avait commencé à prier durant la seconde qui précédait le début des hymnes. Mais contrairement à ce que l'Histoire voulait tout d'abord retenir, Tom et John n'étaient pas seuls dans cette affaire. Il y avait un autre garçon. Un Australien, blanc, qui avait absolument tenu à faire quelque chose pour les Noirs. C'était une double surprise que les commentateurs finirent par évacuer. Ce coureur, Peter Norman, il ne s'était pas contenté de faire sensation en demi-finale. Il était venu piquer la médaille d'argent à John Carlos. Ensuite, dans cette chambre d'appel qui les réunissait tous les trois pour la dernière fois, il avait accroché à son survêtement vert le fameux badge distribué par les coureurs améri-cains : The Olympic Project for Human Rights. La scène était assez unique. Tom et John se livraient à une sorte de répétition de la remise des médailles. Ils étaient peut-être sur le point de se partager les deux gants de cuir noir. Des gants achetés par Denise, la compagne de Tom, dans un supermarché. Alors Peter s'est approché d'eux. John Carlos l'a regardé avec une moue particulière – mélange bien connu de gouaille et de défi : « T'en mêle pas, mon pote. » Puis,

Tommie Smith l'a toisé gentiment du haut de son 1,91 mètre :

« T'es croyant, Peter ?

– Sacrément », lui a répondu dans la foulée l'Australien. Il se souvenait de ses parents, engagés avec l'Armée du Salut, à Melbourne. Il n'avait jamais très bien compris pourquoi les autorités de son pays avaient liquidé plusieurs millions d'aborigènes. Leurs droits étaient à peine reconnus. Peter a insisté auprès de Tommie et John. Il était souriant et assez décontracté :

« Les gants, vous feriez bien de vous les partager.

– Bonne idée, Peter. »

Tommie a refilé le gant gauche à John. Il a conservé le droit. Tout ce petit manège eut lieu dans les salons réservés aux médaillés. Sous le stade, et même dans le tunnel qui conduisait les athlètes vers la pelouse. C'était la nuit. On avait allumé de gros projecteurs. Dans les airs, on se disputait la médaille d'or du saut à la perche. Dans un souffle, Peter a pris le badge que lui tendait John Carlos.

Bien plus tard, quand les deux Américains ont porté le cercueil de Peter, puis l'ont mis en terre, ils se souvenaient que le coureur australien n'avait pas cillé. Carlos ajouta même : « Ce type, je le respecte. Peter n'a jamais reculé. Il n'a jamais détourné les yeux ou la tête. Il n'a jamais renié ce qui s'est passé ce jour-là. » Oui, Peter n'a pas bougé sur le podium. Il avait simplement deviné, avec un petit sourire en coin, que tout se passait comme prévu, dans son dos. Que Tommie et John l'avaient fait. C'était le silence surtout, après les hymnes, le silence des quatre-vingt mille spectateurs qui l'avait impressionné. Le silence, juste avant les cris de singes, les pouces baissés et les crachats balancés de la tribune qui abritait la plupart des supporters américains. Un silence qui avait contrasté avec la bagarre sur le tartan. Plus jamais, en effet, on ne reverrait une telle intensité en finale d'un deux cents mètres aux Jeux olympiques. Bien sûr qu'il y en aurait d'autres, des types qui cavaleront à près de 40 km/h. Ils viendraient sur la piste les Carl Lewis, Mitchell, Mike Marsh. Les Pietro Mennea, et tous les Borzov, Cason, Christie, Bailey ou Johnson. Mais avec Tom, c'était autre chose. C'était l'histoire d'une foulée qui jouait gros, ce 16 octobre 1968 en fin de journée. Une foulée, poussée au maximum, qui développait 8 pieds 7 pouces (2,61 mètres) quand il était question d'accélérer pour conclure l'affaire. En général, Tom s'y mettait à quatre-vingts mètres du fil. Et justement, on n'avait jamais eu droit à une course dont l'équilibre menaçait tant de ne pas tenir. Tom s'était fait une vilaine élongation à la cuisse gauche, quelques heures avant la finale. Il avait failli renoncer. Pendant plusieurs heures, il s'était planqué dans un coin du stade d'échauffement, une énorme poche de glace posée sur la cuisse douloureuse. C'était un destin qui avait eu brutalement des ratés à l'allumage. Il suffisait qu'il se claque dans le virage, ou au départ, et tout était fichu. Forcément, sur le moment, avec mon père, c'étaient des choses que nous ne savions pas. Comme il était prof de gym, Yves avait le don pour me détailler les foulées, l'amplitude des corps. Il s'enthousiasma au moment du podium. Mais tout le reste, on l'ignorait.

C'est pour ça que je me suis mis à l'écrire, cette finale. C'est parce que Tom me dit un jour qu'il y pensait depuis l'adolescence, à ce « coup d'éclat ». Qu'il n'avait rien dit à son père ni à sa mère. Ce n'était pas un révolutionnaire, Tommie. Simplement, la colère était montée en pente douce. C'étaient des impressions que j'avais retrouvées en découvrant certaines scènes, dans les livres de Chester Himes, Pete Dexter ou Jim Thompson. Oui, la « rage noire ». Cette Amérique blanche. Un jour aussi, tandis que j'attendais une table dans un restaurant, du côté de Dallas, le patron s'est approché de moi et m'a souri. C'était un

Blanc. Nous étions en 1996. Il y avait un couple de Noirs. Ce couple me précédait. Mais le patron tenait absolument à me placer avant les fiancés noirs. Et les Noirs ne disaient rien. Ils semblaient accepter que les choses se passent de cette manière. Et le livre de la course, je me suis vraiment décidé à l'écrire quand Tommie m'a raconté qu'il avait pensé à toutes ces choses. Les meurtres bien sûr. Mais pas seulement. Les appartements aussi, qu'on ne loue pas aux Noirs. Ou bien le fait de devoir changer de trottoir quand tu croises des Blancs, encore en 1968. Et le souvenir de ces bus, avec la barrière dans le fond du véhicule réservé aux Noirs. Et Tom me dit cette chose extraordinaire : « Tiens-toi bien, Pierre, j'y pensais même pendant la course. J'y pensais au départ, quand je me suis relevé. J'y pensais dans le virage, avec à mes côtés ce voyou de John, parti comme une grenade dégoupillée. J'y ai pensé de bout en bout. Ils pouvaient même m'en rajouter. Me bricoler un deux cent vingt yards en ligne droite, j'aurais continué à penser à tout ça. Juste sur la fin, quand j'ai compris, à quinze mètres du fil, que j'avais gagné, je n'ai vraiment pas pu m'empêcher de me relever. »

*Il fusait. Avec la majesté irrésistible et la douce
puissance rentrée d'un avion silencieux.*

Raymond Pointu et Olivier Barrot,
Dieux et démons du stade

Je suis en train d'écrire sur le virage le plus
important de toute la vie de Tom Smith et de
John Carlos. Exactement comme l'on décide
certaines choses, à un moment précis de notre
existence. On dit : « prendre un sacré virage ».
Tom aurait très bien pu s'en foutre. Il pouvait
se comporter comme Jim Hines et Harry
Davenport. Jim remporta le cent mètres, en
9 secondes 95 centièmes. Du boulot bien
fait. Premier temps électronique sous les dix
secondes ! Dans mon souvenir, Hines enfonçait
le clou de Bob Hayes, quatre ans plus tôt, aux
Jeux de Tokyo. Hines, bien sûr, était plus délié
que Bob Hayes. Plus fin. Les traits un peu
indiens, façon Miles Davis. Hayes était une
sorte de déménageur à qui on avait refilé le premier couloir, à la corde ! Il faisait un temps de

59

chien. Il ne s'était pas fait prier pour soulever des bourrasques de cendrée sur les côtés. Tous les deux abandonnent l'athlétisme après les Jeux. Il y a, chez ces deux coureurs, un côté « bombardier noir », fascinant.

Davenport domina le cent dix mètres haies. Jim Hines et Harry Davenport s'apprêtaient à rejoindre le football professionnel. Il y avait plusieurs millions de dollars à prendre. Jim resta silencieux, mais toujours correct lorsque les événements se mirent à chauffer sérieusement au village. D'ailleurs, il refusa de recevoir sa médaille des mains du vieux réactionnaire de Chicago, Avery Brundage, patron du Comité international olympique. Davenport, lui, explosa. Il refusait de commenter toute autre affaire que sa ligne droite victorieuse.

Depuis un bon paquet d'années, on avait habitué les étudiants noirs à choisir entre l'échec scolaire et une réussite exemplaire avec le sport de haut niveau. Le ghetto ou les tours de piste. Les médailles remportées par la communauté noire s'accumulaient. C'était la promesse d'une « assimilation » durable. Ce que les activistes noirs les plus extrêmes, genre Cleaver ou Stokely Carmichael, appelaient *sports nigger*. Des types qui collaboraient avec le pouvoir blanc et dont la couleur de peau ne les protégeait pas de la haine, y compris dans leur propre camp ! Quelques semaines avant le début des Jeux, une campagne de *boycott* avait démarré sur les campus. Bob Hayes et Jesse Owens s'y étaient opposés. Le pauvre Jesse venait de perdre toute crédibilité politique aux yeux des plus jeunes. Les plus remontés. Juste avant que le coup de revolver claque dans le ciel de Mexico, faut-il rappeler que certaines *choses* avaient eu lieu, en Amérique, ces derniers mois... ? Ces événements n'avaient pas dû échapper à la bande de San Jose ou d'ailleurs : Tommie Smith, John Carlos, Lee Evans, Bob Beamon, Larry James, Ron Freeman, Charlie Greene. Tous étaient chauds bouillants. La pendule remontée par leur porte-parole, le professeur Harry Edwards. Ils avaient encore en mémoire les images du mois d'avril. Le visage de Coretta Luther King se recueillant, quelques jours après l'assassinat de son compagnon. Et le visage mort de Martin Luther King, sur tous les écrans de télévision. Ils avaient tous été écœurés par les hommages, après le meurtre. La plupart de ces champions n'avaient pas vingt-cinq ans. Ils avaient regardé les reportages sur ces boutiques qui brûlaient, immédiatement après la mort du pasteur. Les émeutes aussi. La mort de plusieurs dizaines d'étudiants noirs, à Washington. Watts, 1965, qui recommençait. Sauf que, cette fois, ils avaient au bout des pointes l'occasion de leur montrer autre chose que des Nègres avec des bidons d'essence qui crament les boutiques des Blancs pour qui ils travaillent, ou bien leur propre maison. Pour ceux qui avaient étudié assez sérieusement, comme Tom, ou Lee Evans, l'Histoire leur en avait tout de même servi quelques savoureuses. Comme celle de ce pauvre Drew, sans doute le plus grand sprinteur d'avant-guerre. Aux Jeux de Stockholm, en 1912, Drew surclasse tous ses adversaires en série du cent mètres. C'est un Nègre. Littéralement, il est bon à enfermer dans les vestiaires le jour de la finale. Ses copains blancs ont ainsi la route dégagée pour le podium ! Il y en avait un aussi qui avait les nerfs depuis le début des compétitions : Bob Beamon. Cette sale histoire de relais lui était restée en travers de la gorge. Il avait refusé d'affronter une formation ouvertement raciste. On l'avait donc renvoyé de l'université d'El Paso. Il ne savait même pas ce qu'il deviendrait à la fin des Jeux. Quelques semaines avant les sélections américaines, Tommie et John en avaient bavé sur la piste de Los Angeles. L'atmosphère était lourde, y compris dans les coulisses de l'équipe des États-Unis. Il y avait des types, des Blancs, qui se fichaient pas mal de la couleur de peau de leurs copains. Je pense, naturellement, à Bud Winter, certainement l'un des plus grands entraîneurs de toute l'histoire du sprint. Tom et John lui devaient une bonne part de leurs progrès ces dernières années. D'autres encore, solidaires de leurs combats : le sauteur en hauteur Dick Fosbury, ou Jerry Wright, le seul sprinteur blanc vraiment au niveau. Il y avait aussi quelques ennemis. Des costauds blancs qui s'apprêtaient à voter avec enthousiasme pour George Wallace. Plus tard, dans un bus qui faisait la navette entre le stade et le village olympique, une violente bagarre éclatera entre Tom et le lanceur de disque Jay Silvester. À Los Angeles, les deux sprinteurs ne sont pas les bienvenus. Il s'agit de les empêcher à tout prix de se mettre dans de bonnes conditions pour les sélections de South Lake Tahoe, décisives avant les Jeux. Alors, tranquilles, les organisateurs faussent le tirage au sort, histoire de leur refiler les deux plus mauvais couloirs !

Maintenant que la course a vraiment démarré, il faut se dire que Tommie était le type le plus relâché de la Terre. Sauf en cas de sale blessure, personne n'était en mesure d'aller le chercher. Surtout sur la fin. Mais je veux dire que ce n'était certainement pas un militant. Il était sans doute à mi-chemin entre Jesse Owens et Martin Luther

King. Tout le reste ne l'a jamais vraiment inté-ressé. Il n'était pas question pour lui de dévorer le cœur des Blancs, ni de violer les filles ou leurs mères. Il n'était pas excité. Il savait aussi, en fai-sant ce geste, qu'une partie importante de sa vie allait s'éloigner. Même un boulot de laveur de bagnoles, il aurait les pires difficultés à l'obtenir. Alors qu'il avait patiemment mis les *cops* – les flics – à distance, grâce à son seul talent, tout cela ne tarderait plus à passer par-dessus bord. Effectivement les copains lui tourneront le dos. Les contrats seront déchirés. Sa femme le quit-tera, épuisée par toute cette dépression. Celle de John se suicidera.

Enfin, il y a cette chose stupéfiante chez Tommie : sa lenteur. C'est un homme toujours très lent que j'ai eu la chance de revoir, une ou deux fois. Un homme qui prend son temps pour prier. Ou bien qui met un temps considérable pour déguster la viande qui se trouve dans son assiette. Et aussi de grands gestes, avec ses bras immenses, pour vous expliquer ce qu'il voulait faire ce 16 octobre 1968. Et cette lenteur ne cesse jamais lorsqu'il se déplie devant vous. Il se met à marcher, doucement, comme une per-sonne fatiguée. Le revoyant ainsi, je me suis souvenu de ce chiffre qui fit de lui le personnage le plus rapide de toute l'histoire de l'athlétisme :

37,139 km/h. C'était une vitesse qu'il avait atteinte, en mai 1966, sur le campus de San Jose, en Californie. C'est le point de départ. La vitesse, et le silence de la course. Ce sont des moments qui ne cesseront plus jamais de battre dans le cœur de son entraîneur, Bud Winter. Les genoux qui montent. Ils vont toujours très haut vers le ciel. Le signe de l'accélération. Quand mon père nous conduisait au volant de sa 404 blanche, c'était toujours la même histoire : ce chiffre de 37 km/h revenait tout de suite dans nos conversations. Mon père regardait le compteur de la Peugeot. Il attendait que l'aiguille se mette à trembler aux abords des 40 km/h. Je pense qu'il devait être fier de sa voiture, et aussi de cette brièveté athlétique que nous avions été les seuls à partager en direct dans notre salle à manger.

« Regarde l'aiguille, nous allons aussi vite que Tommie Smith. Tu te rends compte, il pourrait nous suivre, peut-être nous dépasser ! »

Ce contraste entre la vitesse pure de la finale olympique et la nonchalance de Tom, cette lenteur – identique après bien des années –, je l'ai enfin compris. Tous les documents, à propos de Tom, confirment qu'il aurait très bien pu s'épanouir avec la même insolence en longueur, sur quatre cents et huit cents mètres, voire au décathlon. Il faut se souvenir qu'au terme d'un deux cent vingt yards en ligne droite il avait abandonné son copain Lee Evans – futur champion olympique du quatre cents – à une dizaine de mètres derrière lui ! Mais c'était autre chose. Tom fit le choix d'un passage. Un seul. La perfection d'une course lui permettrait de réaliser son geste. C'était devenu une obsession. Il n'y avait aucun intérêt à accumuler les médailles. Ses médailles n'avaient pas changé la pauvre destinée de Jesse Cleveland Owens : un clown, que l'on avait exhibé toutes ces années qui avaient suivi Berlin en 1936. Le Nègre aux ordres de ses patrons. Toujours le fameux *house nigger.* Trop de gentillesse. De bons sentiments. Après ses victoires sur cent et deux cents, puis à la longueur, Owens avait indiqué vouloir se reposer. Souffler. Mais l'histoire était plus sordide. Jesse Owens avait deviné que les deux relayeurs prévus au départ étaient dans le viseur des organisateurs. Ils étaient juifs. Il s'agissait tout de même de ne pas trop fâcher Hitler. Owens reçut l'ordre de courir. Il courut et gagna une quatrième décoration. Il avait vingt ans. Et quand enfin il refusa de participer à une nouvelle tournée en Scandinavie, l'Amérique lui tourna le dos. Sa veuve attend toujours un télégramme de félicitations de la part du Président Roosevelt.

Tommie ne serait jamais un bon Nègre… C'était fichu. La fulgurance d'un deux cents mètres. Le temps qui passe. La trace d'un geste qui va peut-être changer le monde. Je peux l'écrire. Il n'a pas prononcé la moindre parole sur le podium. Il s'était contenté de prier. Il était ailleurs. Toujours cet orgueil. Cette nonchalance. J'avais été frappé par une phrase que Tom avait abandonnée sur cette affiche en noir et blanc, celle du podium où l'on aperçoit les trois hommes du 16 octobre ; de gauche à droite : Peter Norman, Tommie, John. Juste à côté de son poing ganté de cuir noir et qui brille légèrement, il m'avait écrit : « *Pierre, you make a sense, Mexico City, 1968.* » Et alors je me suis rappelé exactement les propos que tenait mon père, cette fameuse nuit du 16 octobre. Après la course qu'il avait refaite mentalement, comme s'il allait organiser une épreuve sur la plage, il m'avait dit la même chose : « Tu vois, ces coureurs, ils ont quand même dû en baver pour en arriver là ! » Je me souviens qu'il s'était levé de sa chaise. Il était très tard. Peut-être une heure du matin. J'avais école le lendemain. Ça ne l'a pas dérangé, mon père, à cette heure si tardive, d'improviser dans le salon une leçon de gymnastique. Après tout, c'était un peu normal. C'était toute sa vie. Souvent, il me réveillait très tôt et il me demandait de ramasser, avec mes pieds nus, toutes sortes d'objets. Des osselets, des crayons à papier, des stylos. Il me répétait pour me motiver : « Tu verras comme la plante de tes pieds sera musclée, plus tard. Tu verras comme tu courras plus vite, sur la piste, avec des pieds durs et nerveux. »

Il s'était donc levé, là, juste après l'arrivée. Il avait repoussé sa chaise. Et il s'était mis à lever les genoux le plus haut possible en direction de son torse. Il tenait à me montrer que la différence venait de là. Cette capacité hors norme de Tom à lever les genoux alors qu'il a déjà dans les jambes cent cinquante mètres de course ! Et avec mes yeux d'enfant, un peu fatigués par la retransmission, je voyais mon père, sur le balcon, juste au-dessus des lumières de la ville, je le voyais faire sa gym comme en plein jour et, en le regardant, je devinais que ces images ne s'effaceraient que très difficilement de ma mémoire, que c'était une soirée unique. C'était il y a quarante ans. Et toutes ces années ne sont pas parvenues à nuire à cette soirée du 16 octobre 1968. Mon père est mort depuis bien des années. Il y a quelque chose de miraculeux dans le fait qu'à peine vingt secondes de la vie d'un homme sont tout à fait capables de faire remonter le courant de tous ces souvenirs. Bien sûr, mon père ne pouvait deviner qu'un jour je croiserais la silhouette légèrement épaissie, un peu tassée, de Tommie Smith, notre héros de la nuit. Sans vraiment l'admettre, nous avons néanmoins prolongé – sans doute inconsciemment – cette course de l'automne 1968 : lui, bien qu'entraîné au large de la vieillesse, en se passionnant toujours pour le spectacle de sa jeunesse – je parvins à l'emmener aux Jeux de Barcelone, été 1992 – et moi en ayant la chance de commenter tout ce que j'avais admiré enfant. À distance, nous ne faisions rien d'autre que poursuivre l'apprentissage des premières années devant notre Continental Edison à Nanterre. Cette expérience eut aussi le mérite de me placer à l'abri d'éventuelles forfaitures. L'explosion d'un sprint me semblait un cristal d'une telle valeur que je ne me suis jamais permis de commenter ce moment devant un écran d'ordinateur. Yves m'a transmis la richesse de certaines poignées de secondes. Lors du triomphe de Lewis, à Tokyo en 1991, ou bien de celui de Perec, une nuit à Atlanta en 1996, ce fut la même chose qui revint cogner à ma porte : ces courses avaient beau disparaître, comme de magnifiques petits suicides sportifs, je savais bien qu'elles charriaient, en souterrain, un environnement qui ne manquerait pas, plus tard, de nous rappeler le « temps perdu ». Chaque fois que j'enclenchais le départ de Tom, il me semblait apercevoir, au fond d'un ancien couloir, des musiques et des bruits, quelques journaux froissés, dignes d'une époque qui avait gardé le talent de se révolter. Vingt secondes suffisent pour que j'aperçoive la silhouette un peu lourde de Georges Séguy, le patron de la CGT, venant, entre deux manifestations, se faire masser par mon père, à la maison. Et vingt secondes encore. J'entends le téléphone sonner en fin d'après-midi. Sans doute un étudiant perdu dans la Sorbonne occupée. Il a besoin d'affection et réclame ma grande sœur. Le bruit lointain des lacrymogènes dans l'écouteur. Vingt secondes toujours. Les filles n'ont pas encore reçu l'autorisation de mettre des pantalons dans la cour du lycée. Ma mère, dans son tailleur pied-de-poule noir et blanc, qui la fait ressembler à la Magnani, de *Mamma Roma*, m'annonce brutalement l'assassinat de Bob Kennedy.

Il m'a fallu du temps pour comprendre que le pistolet qui se levait cérémonieusement n'était pas destiné à abattre les coureurs, mais plutôt à les libérer. Parmi eux, aucun tricheur. Pas de cavaleur doté d'un esprit à bascule comme l'athlétisme a pu en connaître. Pas de belle gueule, façon Armin Hary, capable de vous détruire un départ en réagissant plus vite que son ombre. Vingt secondes, je vous dis, et j'entends encore la guitare folle de Jimi Hendrix, perçant la chambre de mes sœurs. À d'autres moments, la voix cassée de Leonard Cohen. *Suzanne…* Parfois, ce sont les chants de The Voices of East Harlem : « No, no, no… » Avec leurs bérets noirs, leurs casques de cheveux sur la tête, je finis par les confondre avec certains coureurs, présents à Mexico. Dans mon esprit d'enfant, *black is beautiful.* C'est la nuit à Nanterre. Tom s'est relevé bien après les autres.

John Carlos avait tiré le meilleur couloir. Le quatrième. Cette fois, il n'y avait plus d'histoire de tirage au sort. L'aventure de Bob Hayes, héritant d'une corde épouvantable en finale du cent mètres à Tokyo, avait contribué à ce que les organisateurs placent les meilleurs finalistes au centre de la main courante. Les chronos les plus rapides réalisés en demi-finale héritaient des meilleurs couloirs. Qu'y faire, avec le temps, John Carlos me fait toujours penser à ce que raconte Jim Thompson, dans sa *Rage noire* : « Cloquez à un requin du billard de Harlem une paire de lunettes de soleil de Prisunic et trois ou quatre poils, et il ne se sentira plus pisser ; oh non ! Il ne se prendra pas pour de la merde ! » John Carlos avait l'habitude de décamper le premier. C'était un tic qui lui venait de ces après-midi à la piscine ou dans ces restaurants de New York qui n'avaient rien trouvé de mieux que de le refouler systématiquement. La plupart du temps, ça se terminait en bagarre. John finissait sa course chez les flics. C'est vrai qu'ils étaient plusieurs, à Mexico, promenant une forme de provocation Black Power. L'allure mystérieuse de Charlie Greene, toujours planqué derrière ses lunettes d'écaille noires, ses verres fumés. Le béret noir de Lee Evans. John Carlos maniait assez facilement l'ironie. Tom était plus silencieux. John y aura vraiment cru jusqu'à la sortie du virage. C'est peu de le dire. À le regarder qui soufflait comme un buffle sur la piste rose bonbon de Mexico, on pouvait penser qu'il voulait nous refaire le coup de South Lake Tahoe. C'était début septembre. Il ne s'était guère troublé en plantant un couteau dans le dos de son meilleur pote. South Lake Tahoe : le virage le plus renversant de toute l'histoire de l'athlétisme. Une impression de fête foraine, quand on regrette d'avoir emmené les gosses dans cette fichue centrifugeuse. John Carlos avait avalé ce virage comme un cinglé. À l'arrivée, Tom fut trop court, malgré son accélération. Record du monde. C'était un costaud, John Carlos. Un vrai balaise. 1,93 mètre. Ce type n'avait pas froid aux yeux. Il n'avait pu s'empêcher d'aller chercher des histoires aux coureurs australiens. Mais il n'y avait pas plus gentils et discrets que Peter Norman et son pote du huit cents, Doubell. John était le seul des trois Américains à avoir collé le badge des droits civiques sur son débardeur. Il a vraiment explosé dans cette finale. Sans doute était-il trop fantasque pour aller jusqu'au bout de ce braquage. Il aimait l'improvisation. C'était l'avis des meilleurs spécialistes de la question, en particulier de Bud Winter. John n'écoutait que ses pulsations. Son rythme et ses pointes. Sur le coup, avec mon père, on suivait surtout la course de Roger Bambuck. Mais quarante ans plus tard, c'est assez effrayant ! John Carlos a endossé, dans la seconde qui suivit le coup de pistolet, tous les habits du chef de meute. Les autres suivaient comme des chiens. Affamés. Pas besoin du fouet. Carlos commandait son petit monde. Du corps et de la voix. J'ai tellement revu cette course. Il faut traquer les moindres détails. J'ai fini par apercevoir John Carlos gueulant entre deux respirations. Comme il gueulera plus tard, devenu surveillant chef dans un collège de Palm Springs. Le seul boulot qu'on voudra bien lui refiler. C'est à croire que ce virage était le plus important de sa vie. John avait vingt-trois ans. Il avait fini, à la force du poignet, par être le seul à pouvoir inquiéter son leader ! Il était là, couloir 4, avec son dossard 259, et il écumait toute sa rage, cette volonté d'en finir une bonne fois pour toutes. Il n'avait pas oublié les petits boulots minables proposés à sa femme avant qu'il obtienne une bourse d'étudiant, dans une université du Texas. Elle faisait la plonge. Avec Lee Evans, il avait en commun le souvenir du bruit sec, dans les tympans, des cartouches de ces contremaîtres blancs qui leur tiraient dessus dans les fermes. Il y a, dans ce genre d'affaire, des concurrents au profil très digne, mais qu'une soudaine et brutale confrontation renvoie au fond de la classe. Pauvres pantins désarticulés. Tandis que Roger Bambuck s'efforçait de tenir son rang, coincé à la corde avec le gars de Trinidad, Edwin Roberts, John Carlos n'avait eu besoin que d'une dizaine de secondes pour bousiller ses adversaires les plus proches. C'était pitoyable. J'apercevais, au couloir 5, un beau mec, le troisième Américain, Larry Questad. C'était un Blanc qui n'avait pas sorti les grandes chaussettes noires. Il était pieds nus dans ses pointes. Au creux du virage, Larry battait déjà de l'aile assez sérieusement. C'était un garçon qui prenait sa place lorsqu'il y en avait une. Ce fut le cas à Sacramento, le jour où le couvercle du sprint avait volé en éclats. Des Noirs, partout, qui avaient attaqué le record du monde du cent mètres une bonne dizaine de fois dans la journée. Hines, le joli pit bull, et Greene, le danseur mondain façon Malcolm X, s'étaient tiré la bourre comme jamais. Que des Noirs : Bambuck était de la fête. Avec ses dix secondes, il avait détenu le record du monde pendant trois quarts d'heure. Questad avait calé en demi-finale. Mais c'était de l'histoire ancienne. D'ailleurs, quand la place était occupée, il ne la prenait pas. Il avait ce visage que l'on retrouvait à l'époque chez de nombreux jeunes Américains blancs, bien dans leur peau, et pas occupés à combattre au Viêtnam dans l'enfer de My Lai : cheveux longs, teint légèrement hâlé. On pouvait le confondre avec le Jim Morrison pas encore bouffi de la belle époque…

Questad n'en finissait plus d'entendre le souffle rauque, saccadé, de celui qu'il avait immédiatement dans son rétroviseur. On sut plus tard que John Carlos avait tapé les premiers cent mètres en 10 secondes 20 centièmes. Toute la question était de savoir s'il tiendrait ce rythme jusqu'au bout. Très longtemps, le deux cents mètres s'était couru sur une seule ligne droite. Le virage était apparu à Berlin, en 1936. Les sorties de virage vous en réservaient de belles, parfois. Je pense à Rome, en 1960. Avec ses petites lunettes fumées, Livio Berruti, étudiant sans histoire, offrit à l'Italie de la *Dolce Vita* sa première médaille d'or sur la distance. De loin, on avait bien cru apercevoir Marcello ; les plus fins observateurs du sprint long ont raison de nous rappeler qu'un deux cents mètres équivaut en définitive à deux fois cent mètres ! Une vérité simple, qui accouche néanmoins d'une dernière ligne droite décisive. « Rien n'est jamais acquis à l'homme. » Cette finale de Mexico me servit plus tard, dans mes commentaires en direct, à la radio. Cette course ressemblera toujours à quelque chose qui se dénoue sur la fin. Sur le fil. Comme ces fleurs japonaises dont les plus belles couleurs ne s'offrent qu'une fois trempées dans l'eau fraîche. Avec le temps, une phrase aura le mérite de ne pas faire long feu : « Il sort en tête du virage… » C'est ainsi que, plus tard, je reçus de plein fouet la vision des fesses merveilleuses de Marie-Josée Perec dans ses cinquante derniers mètres de la finale des Jeux olympiques d'Atlanta. Quelques années passeront et la presse internationale, pour tuer son ennui, fera des misères à celle qui nous fit tant planer. Je revois ces fesses. Tremblantes et dures. Combattant corps à corps avec la chute de reins de la Jamaïcaine Merlene Ottey.

« Tu viens ou pas ? » semblait interroger notre championne.

Tout cela ne dura que quelques secondes. Le temps pour Marie-Jo de passer la surmultipliée. Je la vis s'éloigner en direct, et avec elle ces demi-lunes magistrales et musclées, qui me donnaient l'impression d'apercevoir un petit jaguar dans la nuit d'Atlanta.

Larry Questad était vraiment à la rue. La bouche déjà tordue, il tirait sur ses bras, comme on tire à la corde dans ces jeux d'équipe qui ont bien vieilli. À la sortie du virage, John Carlos l'a mis à deux pas. Dans l'histoire du deux cents mètres, Larry Questad est un soldat inconnu.

La brièveté de l'effort est imparable. Difficile de retenir le nom de celui qui a « cédé » dès les premiers mètres d'une finale dans un sprint olympique. Cruelles statistiques : elles atomisent la misère de l'effort. C'est ainsi qu'à Mexico naissent de nouveaux héros que seule la victoire installe dans nos mémoires. Mike Wenden, l'époustouflant nageur australien. Debbie Meyer, la pouponne américaine, quinze ans et demi ; elle s'adjuge trois médailles d'or dans la piscine olympique. Dick Fosbury, ce jeune homme qui nous tourna le dos avant d'enrouler une barre placée à 2,24 mètres. Irena Szewinska, la sprinteuse polonaise. Sa beauté brune et ses ondulations sur la piste éveillèrent ma jeune sexualité. Elle était née dans un camp de Leningrad, quelques semaines après la fin de la Seconde Guerre mondiale. Il me semble qu'Irena ne m'a jamais quitté. Médaillée d'argent à Tokyo, en 1964, championne olympique du deux cents mètres quatre ans plus tard, elle courra encore en 1972 à Munich, cette fois sur quatre cents mètres. L'air de rien, cette femme m'aura pris le bras à distance. Des premiers lacets de l'enfance aux troubles de l'adolescence.

Sur la plage, quand la différence risquait de se faire sentir, mon père nous étonnait toujours. Dans la ligne droite qu'il avait dessinée sur le sable mouillé, il créait de toutes pièces des décalages permettant de protéger les plus faibles. Il attribuait ainsi quelques mètres d'avance au concurrent dont la pointe de vitesse menaçait de le mettre en difficulté. Drôle d'équilibre qui permettait néanmoins de maintenir le suspens jusqu'au bout de l'épreuve estivale.

Ce sont les courses les plus longues, sans doute les plus profondes, qui sauvent parfois les vaincus. Il nous restera toujours quelque chose de l'immense détresse de Ron Clarke. J'avais tendance à le confondre avec le coureur automobile, Jim, qui finira par se tuer en avril 1968 au volant de sa Lotus. Ron Clarke, à peine plus de vingt ans, a toujours fait beaucoup plus que son âge. Tous ces kilomètres avalés finissent par user un visage. Ron Clarke avait la guigne : détenteur de très nombreux records du monde – il fut le premier à descendre sous les vingt-huit minutes au dix mille mètres – mais incapable de remporter le moindre titre olympique. Clarke, c'est un leader du point de vue de la souffrance. Parfois, avec ses cheveux bruns, coupés ras, sa peau mate, le coureur australien avait des airs d'Anthony Perkins en contre-plongée dans *Psychose* d'Alfred Hitchcock. Ron Clarke : le plus grand *loser* des épreuves de fond. À Mexico, où il aurait dû prendre sa revanche après le désastre de Tokyo, ce fut tout l'inverse. Baladé par les Kenyans pendant plusieurs kilomètres, il finit par s'effondrer, livide, sous un masque à oxygène. Cette course en altitude fut aussi sa dernière. Mais ces images de grande souffrance nous permettent de préserver sa mémoire. À défaut de rester sur les tablettes, Ron Clarke finit par s'installer dans les souvenirs que nous avons des plus beaux perdants. Même impression pour Michel Jazy. Son empreinte est immense. Jazy se met minable dans la dernière ligne droite du mille cinq cents mètres de Rome, en 1960. Il arrache la médaille d'argent, derrière l'intouchable Herbert Elliott. Hélas, Michel Jazy ne sera jamais champion olympique. À Tokyo, il partit comme un damné, à la cloche. Repris dans le dernier tour, celui dont tout un pays pensait qu'il devait être le vainqueur du cinq mille dut se faire une raison. Comme le pilote d'une voiture ensablée regarde des bolides lui passer sous le nez ! Jazy est un miracle. Il exprimera longtemps encore le bruit feutré des foulées en sous-bois, l'hiver. Les records du monde épinglés dans les nuits fraîches des années 1960, à Saint-Maur, ou Charléty. Le pavillon de banlieue que l'on quitte à l'aube pour aller courir au bois de Boulogne. À défaut d'avoir obtenu de sa part une victoire olympique, notre imaginaire se console avec le souvenir d'une fin de course aux allures de tragédie : la gueule tordue du militaire américain Bob Schul qui s'éloigne, puis Harald Norporth et Bill Dellinger achevant le travail de démolition. La voix nasillarde et abattue de Raymond Marcillac. Le désespoir de Michel. Nous n'avions pas la télévision. Il fallait monter chez les Dumont, nos voisins du dixième, pour suivre ces moments exceptionnels. On ne cherchait jamais la neige, l'hiver. Le général de Gaulle ne se doutait pas qu'un avocat aux dents pointues, et qui parlait sans ses notes, le mettrait bientôt en ballottage. La télévision était encore une chose sérieuse. Mes parents guettaient les mises en scène de Marcel Bluwal, Claude Ventura, ou Stellio Lorenzi.

Ça n'est pas que nous n'aimions que les vainqueurs. Simplement, il faut du temps, du souffle et un bon paquet de désespoir pour accepter d'ouvrir sa porte aux vaincus.

Rien de comparable avec les seconds couteaux du 16 octobre 1968. Nous avons oublié les cheveux blonds de Larry Questad. La panne de l'Allemand de l'Ouest Jochen Eigenherr. Le courage du Jamaïcain Michael Fray. La ténacité du Trinidadien Edwin Roberts. Roger Bambuck est à part. Il fut à la lisière de la gloire, et de l'oubli. La gloire se fiche pas mal d'un type qui se pointe avec une grosse angine au départ de ce genre d'empoignade. Mais impossible d'oublier Bambuck. Dans son parcours, le poste de secrétaire d'État – en charge des Sports – sous François Mitterrand relève de l'anecdote. Ce qui compte, c'est la puissance d'un sprinteur encore junior lorsqu'il rejoint l'équipe de France. Un type qui parvient à faire jeu égal avec les meilleurs coureurs du monde. Ils n'étaient pas très rassurés, les Hines, Pender ou Greene, avant la finale du cent mètres. Bambuck terminera cinquième. Comme sur deux cents. Une finale de folie. Pour la première fois dans l'histoire des Jeux : huit Noirs au départ. Des types drôlement excités. Une finale sombre, qui contrastait avec la couleur du tartan. Bambuck avait tout de même claqué un nouveau record de France : 10 secondes 11 centièmes. Ce record tiendra dix-huit ans. La veille encore, Roger rêvassait, en pyjama. Maintenant, il était obligé de se bagarrer dans ce virage où John Carlos joue au shérif. Un comble pour un jeune gars du Bronx. À sa manière, Roger Bambuck a fait la révolution en équipe de France. Depuis une dizaine d'années, le relais n'était constitué que de bons petits Blancs, travailleurs et rapides. Mais blancs. À l'exception du sprinteur d'origine sénégalaise, Abdoulaye Seye. Au fil du temps, des noms qui ont eu le mérite de retenir notre attention. Un refrain presque aussi célèbre qu'une chansonnette de France Gall ou Claude François : Fenouil, Piquemal, Delecour… Je sais bien que ça n'était pas le grand amour avec Roger Bambuck. Il avait fallu faire une place à ce gamin qui courait plus vite, naturellement. Un jeune homme qui avait grandi au soleil. Il avait taillé ses premiers sprints sur les plages de Guadeloupe. Dans les cours de récréation. Les filles aimaient bien ses cuisses déliées. Un corps de fauve, au repos. Toute cette nonchalance. Cette jeune beauté brune et musclée. Une course toujours fluide. Rarement saccadée. En 1966, dans les rues d'Oslo, Roger faisait très fort. Il avait vingt ans. Il pouvait bien courir les filles.

Avec un copain journaliste, André D., il avait
une façon particulière d'aborder les jeunes Nor-
végiennes. À défaut de maîtriser la langue, Roger
se saisissait d'une feuille de papier et y dessinait
un lit. Entre deux courses, le jeune homme restait calé dans les starting-blocks de l'amour.
Roger Bambuck avait promis à son père qu'il
deviendrait médecin, plus tard, après la compétition. Promis. Il ouvrirait un cabinet, à Pointe-
à-Pitre. Les dirigeants de l'athlétisme français
avaient bien rigolé. Ils s'étaient renseignés.
Roger fut démasqué. Il n'avait jamais mis les
pieds à la fac ! Le cavaleur guadeloupéen avait
un talent fou. Un jeu de jambes et des bras qui
lui permettaient de rivaliser avec les meilleurs.
C'était le plus rapide des sprinteurs européens.
Avec Bambuck, le sprint français bascule vers les
DOM-TOM et les îles. Plus tard, des coureurs
comme Bruno Marie-Rose, Max Morinière,
Daniel Sangouma et Jean-Charles Trouabal
seront même capables d'accrocher les Américains.

Roger Bambuck s'était glissé dans la peau
d'un sprinteur noir. Il faisait partie de cette
famille qui se jauge et s'affronte avec violence
dans les chambres d'appel. Ce sont des lieux où
règnent l'envie d'en découdre, la concentration
et parfois le mépris, quelques secondes avant

l'explosion. Avec l'image, ces moments qui précèdent le destin d'une course finiront presque par s'imposer. Nous verrons arriver sur le circuit des coureurs au physique de portiers de nuit, capables de se taper sur les cuisses pendant des heures simplement pour déstabiliser l'adversaire. On ne se dira plus jamais bonjour. Il faudra le mériter. Passer au moins les demi-finales. Il y aura place pour les grimaces, face caméra, du clown Dennis Mitchell. Les provocations de Linford Christie. Les sourires spectaculaires de Leroy Burrell. Le doigt vers le ciel de Ben Johnson.

J'associe encore Roger Bambuck à cette génération tournée d'abord vers la piste. Le cirque viendra plus tard. Certes, Mexico est un tournant du point de vue des couleurs. Les Noirs ont pris le pouvoir. La finale du cent mètres : noir c'est noir. Plus un Blanc à ce stade de la compétition. Mais ce n'était pas encore l'usine. On me dit que maintenant en métropole les familles blanches hésitent à confier leurs enfants aux entraîneurs. Je me suis toujours demandé pour quelle raison des types blancs, secs et nerveux ne pouvaient pas prendre leur chance sur cette distance. Borzov, Mennea, ça ne fera jamais l'équilibre. C'est un peu comme si nous nous mettions à vivre, dans nos villes, au rythme des ghettos américains à la fin des années 1960. Nous aurons mis quarante ans avant de ressembler à ces villes.

C'est vrai que le sport était une sacrée ouverture pour les Noirs qui voulaient s'en sortir. Simplement, ils devaient la fermer et courir, sous peine d'en baver quand ils rentreraient au pays. On peut dire que Tom et John donnèrent à ces Jeux un dernier parfum de révolte collective. Bambuck, en silence, faisait partie de ce décor un peu *flower power.* Le trompettiste Bill Coleman était au village. Dans le bâtiment 11 de la délégation américaine, on n'a pas cessé de discuter. Y compris le vendredi matin, très tôt, lorsqu'on a appris que les deux gars du podium devaient faire leurs valises. On s'est affronté sur les idées. Les huit rameurs de Harvard, tous blancs, les ont soutenus avec ferveur. Les tireurs, par contre, ne se sont pas dégonflés. À l'étage, ils avaient collé des affichettes aux fenêtres de l'appartement qu'ils occupaient pendant les Jeux : « Wallace Président ! Vaincre au Viêtnam. Notre seule chance, l'US Army. »

J'étais stupéfait d'assister avec mon père à cette bagarre entre Noirs. Je savais distinguer les Noirs américains de ceux qui couraient pour Cuba, la Jamaïque ou Trinidad. Les Américains me semblaient toujours plus « remontés ». Mystérieux aussi. Capables de conquêtes qui nous dépasseraient toujours. Mon regard d'enfant les jugeait plus puissants. Courageux. Je finissais par confondre les bombardiers de la piste avec les soldats qui enflammaient les villages du Nord-Viêtnam. J'étais fasciné par la silhouette des marines dans les journaux. En mars, on avait évoqué ce hameau de My Lai, plusieurs centaines de civils massacrés par les soldats américains. Je dessinais la guerre. Sur de grandes feuilles de papier Canson, je posais le calque des combats dans la jungle.

À l'écran, je devinais que le coureur cubain serait métissé ; un peu timide, en retrait. Je le savais capable d'un exploit, porté par une révolution castriste encore à la mode au moment des Jeux. Le danger des champions cubains me suivra jusqu'à Montréal, en 1976. Longtemps, j'ai pensé que l'homme de Fidel, Casañas, couloir gauche, avec ses grandes chaussettes blanches, serait capable de revenir sur Guy Drut. À Nanterre, je voyais débarquer, depuis plusieurs années, l'essentiel des travailleurs immigrés : Algériens, Maliens, Marocains. J'étais habitué à la couleur. Mais c'était une époque qui pouvait être surprise par la suprématie des Noirs en athlétisme. À la télévision, le football était encore timide. Le sélectionneur, Louis Dugauguez n'avait que des Blancs sous la main.

« Je te dis qu'il est dans le coup, Bambuck », avait répété mon père.

Sur le moment, le virage de Bambuck nous a détournés du règlement de comptes qui se jouait sur la gauche de l'écran de télévision. Nous avons laissé tomber pendant quelques instants John Carlos qui faisait sa fête à Larry Questad. Nous avons ignoré le désarroi de l'Allemand Jochen Eigenherr. Nous avons eu l'imprudence de ne pas jeter ne serait-ce qu'un coup d'œil à l'Australien Peter Norman qui tirait des bords à quatre-vingts mètres de l'arrivée. Comme tous les myopes, Yves regardait la télévision le plus près possible de l'écran. Il ne criait jamais. Il ne s'enthousiasmait que pour les épreuves d'athlétisme et la gymnastique.

Souvent, dans les embouteillages, Roger Bambuck regarde sa montre et observe attentivement le mouvement perpétuel de la trotteuse. Il ne cesse de constater la puissance de ces secondes. La fragilité du temps qui passe. En même temps, la lenteur. Je n'étais pas le seul, dans l'affaire, à réaliser que cette course durerait beaucoup plus longtemps que prévu.

Bien des années plus tard, Yves fut comblé de pouvoir rencontrer quelques-uns de nos meilleurs représentants olympiques. Dans une grande salle du Stade de France, je lui présentai Roger Bambuck. Il me fit remarquer que toutes ces années qui nous séparaient désormais de cette fameuse finale étaient passées comme un éclair. À peine le temps de se retourner que la course était déjà terminée. J'avais trouvé sa comparaison assez judicieuse. Il terminait sa vie. Il l'avait consacrée, pour une bonne part, au sport et à la politique. Nous en avons profité, le soir même, pour refaire une nouvelle fois cette course du 16 octobre 1968. Mais ça n'était plus seulement la course que nous apercevions dans le rétroviseur. Tous les éléments étaient réunis à l'époque pour que nous soyons marqués durablement par cette épreuve. Nous avons fini par en rire, bien que mon père souffrît de la maladie qui était en train de l'emporter. C'était une sorte de bilan, avant de faire la valise. Nous avons constaté, ensemble, que cette course, ainsi que certaines chansons, quelques films aussi, avaient finalement eu la peau bien plus dure face à l'Histoire que le mouvement des idées. J'écris cela au moment exact où l'on jette aux chiens tout ce qui a pu se tramer pendant ces journées de printemps et d'automne 1968. Comme si, en effet, tout devait toujours recommencer. Nous avons bien ri tous les deux, en nous souvenant qu'à cette époque ma sœur, Martine, avait failli se faire virer du lycée de Nanterre pour un comportement que les adolescentes d'aujourd'hui devraient méditer. Une fille devait rigoureusement s'abstenir de porter des pantalons dans l'enceinte de l'établissement. Martine, qui prolongeait ses nuits dans les parfums de Ravi Shankar ou dans les cinémas du Quartier latin, où l'on projetait les films de Pasolini, s'en moquait. Le jour où le proviseur lui intima l'ordre de retirer ce pantalon, elle s'exécuta, et se retrouva en culotte dans la cour de récréation. « Remettez-moi ce pantalon », dit ce connard de chef d'établissement. Il s'appelait Dupré. C'était Nanterre, à la fin des années 1960.

Je sens bien que j'arrive au bout de cette histoire. La ligne droite de Mexico 1968 va s'achever. La fin du livre, avec la fin de la course. Les images résistent dans la douleur au temps qui passe. Elles semblent s'effacer dans les journaux. *France-Soir*, *L'Aurore*, *Paris Jour*, *Miroir Sprint*, *Le Figaro*, *L'Équipe*. Un ton sépia me sépare physiquement de ce passé perdu. On s'éloigne. Les films ont une couleur trop vive pour être justes. Je vais terminer cette ligne droite avec mon père. Avec le souvenir de cette soirée. C'est une soirée qui m'a donné le goût de raconter des histoires de sport. Je vais la terminer avec Yves. Mais maintenant c'est Tommie qui va occuper tout l'espace de la télévision. Et puis le reste aussi. La politique. Les protestations. La fin d'une carrière. Dans un grand silence. Sur le podium où il a levé son poing droit ganté de cuir noir. La paire de gants achetée par Denise dans un supermarché de San Jose. Je réalise aussi que cette course a effacé toute une époque. Je m'aperçois, avec ce livre, qu'à peine vingt secondes ont été nécessaires pour que j'admette la disparition de certaines atmosphères. Vingt secondes. En Australie, personne n'a été capable de faire aussi bien que Peter Norman. Peter est mort. Il a emporté dans sa tombe le plus vieux record de son pays. Ce record, c'est une chose que ses ennemis n'ont pas été capables de lui prendre. Il tient toujours. Peter est debout. Vingt secondes qui pilonnent ma jeunesse. C'est la ruine d'un décor dans lequel j'avais grandi. Je pense aussi à cette manière ancienne de filmer le sport. Avec les Jeux de Mexico, c'est encore la lenteur qui domine dans les reportages. La télévision n'hésite pas à nous montrer la solitude du champion dans la compétition. Le journalisme « prend » son temps. J'ai revu les images de Mexico. Le film officiel nous montre les marches gravies par la dernière porteuse de la flamme. Son effort, d'un bout à l'autre de sa présence dans le stade. Et je ne compte plus les petites concentrations des filles du cent mètres. Et le starter qui ne cesse de se replacer. Tout cela est filmé.

Parce que cette époque avait encore, littéralement, du temps à « perdre ». La caméra se détournait des gens célèbres dès lors qu'ils n'étaient pas dans le sujet. Les *people* n'existaient pas. À Munich, quatre ans plus tard, on filmera la mort, la violence. Très vite ensuite, la production de l'image de sport va devenir une production de type industriel. Un spectacle qu'il faut nourrir et qui ne cesse de s'accélérer. C'est peut-être l'une des raisons du succès de la nostalgie dans certaines émissions de télévision. En sport comme avec les chansons. Brusquement, on se retourne vers un monde qui nous était familier et qu'on ne reconnaît plus. Alors, on retourne vers l'enfance qui est aussi le moment des premières explorations. Il faut avoir observé ce que fabrique aujourd'hui la télévision pour comprendre qu'on est passé à autre chose. Parfois, les types finissent par nous présenter des images en accéléré. Comme s'il fallait aller toujours plus vite. Vers un horizon inconnu. Le jaillissement du 16 octobre 1968 vient de beaucoup plus loin. L'éclair de Tommie fixe à jamais l'amplitude d'une foulée dans un environnement de révolte. Ce sont deux lumières inséparables. Cette course n'est plus rien si, dans la nuit de Mexico, disparaissent les deux poings gantés de cuir. Sans la révolte, ce n'est qu'une course de plus sur les carnets de bord des statisticiens.

Plus rien. Tom gagne tout en 19 secondes 83 centièmes. Il perd davantage encore au moment où il baisse la tête et lève le poing, quand monte la bannière étoilée du drapeau américain. Et lorsque je me souviens de la dernière ligne droite, j'aperçois en creux le visage de la sprinteuse polonaise, Irena Szewinska. Ce visage pâle, avec ces cheveux bruns toujours ébouriffés. Elle se peigne longuement avant de prendre le départ de la finale. Et le reportage insiste sur ce geste féminin. C'est un geste qui, pourtant, n'a rien à voir avec la compétition. Maintenant, à l'observer, des années plus tard, il me semble naturel. Ce coup de peigne calme l'atmosphère environnante. Jean-Luc Godard : « Ce que j'aimais bien, c'était comment certains cameramen s'intéressaient aux sauteuses en hauteur. Ils passaient quinze secondes, vingt secondes, sur un bras ballant, une tête penchée. Ils n'hésitaient pas à filmer le saut avant le saut. Aujourd'hui, c'est fini. Tout s'est accéléré. C'est le saut et rien d'autre. Surtout pas l'attente, surtout pas la patience… [1] » Du coup, au moment exact où Tom va se présenter à la hauteur de John Carlos, on est obligé de se souvenir des objets ou des publicités perdus. Sur Europe 1, vers 19 heures, Georges Leroy recevait François

---

1. Entretien avec Benoît Heimermann dans *L'Équipe* du 9 mai 2003.

Mauriac : « Dites-lui Pétrole Hahn, santé des cheveux », annonçait la publicité, pleine page dans *Le Figaro*. Ou bien, pour les fumeurs : « Tous l'appellent Robert Burns. Le petit cigare des fumeurs de gros cigares et des fumeurs de cigarettes. » C'était la nuit à Nanterre, depuis plusieurs heures. Plus tard, j'ai compris le sens des paroles de la chanson de Joan Baez, qui s'échappait de la chambre de mes deux sœurs. « Joe Hill »… Une chanson écrite pour se souvenir de ce jeune homme, accusé d'un crime qu'il n'avait pas commis, en novembre 1915, à Salt Lake City. Elles fredonnaient aussi le tube de Salvatore Adamo, « Inch'Allah », ou la musique du film *J'ai même rencontré des tziganes heureux*, dont la pochette du vinyle traînait souvent sur un guéridon, dans l'entrée. Trois ans séparaient mes deux sœurs. Tard le soir, elles avaient le privilège des plus grandes. Écouter leurs musiques préférées dans leurs lits jumeaux. On les entendait chanter, ce qui nous autorisait, Yves et moi, à monter le son de la télévision. 1968, c'est vraiment une année où le sport, la musique et la politique se sont mélangés d'une manière particulière. Et quand je me souviens de la finale de la Coupe d'Europe des clubs champions, remportée par Manchester United, alors remontent à la surface le *White Album* des Beatles, ou le blues des Stones

dans « Stray Cat Blues », et surtout « Street Fighting Man ». Nous étions très loin encore de ces
immenses karaokés que la télévision allait bientôt
inventer. C'était en quelque sorte une transmission de la mémoire en révolte qui s'effectuait à
l'intérieur des familles. Il n'était pas rare, en
effet, lorsque j'accompagnais mon père dans ses
ventes de *L'Humanité Dimanche*, de deviner derrière les portes qui s'ouvraient l'amorce d'une
chanson de Jean Ferrat, impossible à écouter à la
radio puisque l'auteur était systématiquement
censuré : « Ma môme », « Nuit et brouillard »,
« Potemkine »…

Tom s'était dit que tout se jouerait à la sortie
du virage. Tout. La gloire, et le podium. Il s'était
répété dans la chambre d'appel que l'essentiel,
dans cette affaire, c'était de rester au contact de
John. Surtout ne pas décrocher. Tom avait tellement peur à cause de sa cuisse gauche. John
Carlos était persuadé qu'il aurait les moyens de
refaire le coup de South Lake Tahoe. Sacré John.
Toujours dans les bons coups. Il en avait tellement bavé pour fuir les bidonvilles de Harlem,
infestés par les rats. Depuis, il cavalait. Comme
un dingue. Pour le battre, il faudra réfléchir.

Il a bien fallu changer de stratégie musculaire. Tommie souffrait de la cuisse gauche. À hauteur de l'aine. Bud Winter, son entraîneur, y avait posé plusieurs poches de glace. Le pépin s'était produit pendant la demi-finale qu'il avait terminée en boitillant. Aujourd'hui encore, dans sa maison de Stone Mountain, près d'Atlanta, il ne peut s'empêcher d'y repenser avec angoisse.

J'ai pris ses chaussures rouge vif de la marque Puma. Je les ai bien regardées. Ce sont des chaussures qui n'ont pas bougé durant toutes ces années. C'est à peine si les petites pointes sont attaquées par la rouille. Les semelles légèrement avachies. Très peu. Tom les a placées dans une boîte en carton. Ce sont les chaussures de la gloire. Parfois, seulement quand il a un coup de cafard, il leur rend une visite de courtoisie. Quarante ans qu'elles n'ont plus servi. Comme tous les maillots qu'il a conservés de son enfance au Texas. Ses premières courses en Californie. Il avait à peine dix-huit ans. Il régalait son monde sur l'anneau de la *high school* de Lemoore. C'est là que Bud Winter était venu le chercher. L'une des sœurs de Tommie avait dit à Bud : « Venez donc voir mon frère ! Venez voir ses jambes, et comme il accélère quand ça lui prend d'accélérer ! » Plus tard, ce fameux deux cents mètres avec virage, sur la piste de Sacramento. Il avait laissé son copain de fac, Lee Evans, à plus de dix mètres.

Il avait donc fallu réfléchir. Organiser son propre corps. Seul un type qui avait prévu de faire ce geste sur le podium en était capable. Il y avait autre chose : Tommie, c'était tout de même une foulée haute, et de velours, qui pouvait donner l'impression qu'il « sortait de son propre corps ». C'était aussi ce jeune homme tellement distrait dans sa légèreté qu'il lui arrivait au départ de se tromper de couloir et d'en changer au dernier moment. Il était le dernier de douze enfants. Pendant qu'il étudiait à San Jose, il s'était vraiment débrouillé seul. Son père, James Richard, n'avait fait le voyage qu'une fois au cours de sa vie pour le voir courir. C'était l'une de ces nombreuses courses qu'il remportait avec insolence, lunettes noires sur le nez. James, il n'en était pas revenu. Il avait fait le voyage en car, depuis la ferme de Lemoore. Tom se rappelle encore sa réaction au bord de la main courante : « *Pretty good !* »

C'était le moment tant attendu. Il avait failli renoncer. Les poches de glace l'avaient soulagé. Son obsession, c'était le virage. Quand il s'est placé dans ses starting-blocks, le virage était juste devant ses pointes. Rien d'autre ne comptait. Tom savait qu'il faudrait y aller doucement, au début, sur l'accélérateur. Il suffisait de réfléchir à ce corps qu'il avait toujours soigné comme on soigne un instrument. Ça n'avait rien à voir avec John qui « envoyait » comme une bête. Un balaise qui veut tout casser. Parfois, ça passait, comme dans ce virage de folie qu'il avait pris en septembre à South Lake Tahoe. L'idée, c'était de rester à son contact avant d'allumer un dernier feu. Voilà exactement ce qu'il pensait, Tommie, là, juste avant le coup de pistolet. Rester au contact des meilleurs. « À la sortie du virage, si je suis indemne, il faudra venir me chercher. Ils peuvent toujours rêver… » C'était ça qu'il se disait, Tom.

Il ne pensait plus vraiment à James Richard qui avait économisé pendant trois ans. Son père, il avait trimé à en crever sur une plantation de Lemoore, simplement pour rembourser son voyage en car depuis le Texas. Parce qu'il s'était dit et répété, James, que tout serait plus facile, plus souple en Californie, pour cette famille qu'il aimait tant. Tommie, il ne pensait même plus à son copain qui lui refilait des coupons pour bouffer, quand il avait quinze ou seize ans. Non, il n'y pensait pas. Il ne pensait pas davantage à ces bus de son enfance, quand il devait monter du côté des Noirs parce que c'était ainsi, c'était la barrière qui l'exigeait, ou bien les flics viendraient l'arrêter et le battre. Pendant que John Carlos se tapait sur les cuisses, à quelques mètres de lui, il ne pensait pas non plus aux émeutes de Washington, à la rage noire qui montait dans le pays. Aux incendies. Aux magasins pillés. Il ne pensait certainement plus aux trois adolescents noirs qui s'étaient fait massacrer à l'Algiers Motel de Detroit, quelques mois avant la course. Les policiers qui avaient fait le coup furent acquittés. Non, il n'y pensait plus, Tommie. Pas plus à Luther King, d'ailleurs, qu'à Cleaver, Stokely Carmichael ou Cassius Clay à qui l'on venait de retirer son titre de champion du monde parce qu'il avait refusé le Viêtnam. Il avait eu largement le temps d'y penser ces dernières années. Il avait eu sa dose. Il avait fait exploser onze records du monde. Il avait étudié pour prouver qu'on pouvait être noir, courir vite et mériter un logement salubre. En fait, c'était une mémoire devenue floue. Des moments terribles qui l'accompagnaient en douceur sur la vérité du tartan. Il fallait y aller une bonne fois pour toutes. Maintenant, c'était le virage de Mexico qu'il avait en tête. Ce putain de virage du 16 octobre 1968. Le virage, et puis la ligne droite. La dernière. La ligne droite de sa vie. Juste avant de prier. Et puis salut. Il avait vingt-quatre ans. Après cette course, ce serait terminé.

Qu'y faire s'il était né au moment exact où les troupes américaines se faisaient mitrailler, à l'aube, sur les plages de Normandie ? Il était du 12 juin 1944. Il y avait de quoi être à l'heure au rendez-vous de l'Histoire. Souvent, il en parlait, Tom. Tous ces types qui s'étaient fait trouer la peau de l'autre côté de l'Atlantique pour une grande histoire de liberté. En première ligne, sur Omaha Beach, Omaha la sanglante, un bon paquet de Noirs s'étaient fait descendre.

Au creux du virage, Tommie fit attention à ne pas trop appuyer sur l'intérieur de sa cuisse gauche. C'est simple à comprendre, n'est-ce pas ? Au plus fort du virage, quand tu bascules et plonges vers la gauche, c'est la cuisse douloureuse qui souffre et reçoit toute la tension de la courbe. Cette façon qu'il a, au début de la course, de musarder. Ça nous rappelle immédiatement que c'est la ligne droite qui va décider de tout. Au début encore, c'est comme les premiers accords de jazz, le balbutiement avant le solo déterminant. Alors, ses bras bricolent un peu et semblent repousser des particules invisibles de cet air moite. Pendant que John Carlos continuait de souffler sur la nuque de Larry Questad, Roger Bambuck, derrière, vivait quelques-unes de ses dernières illusions mexicaines. Encore vingt mètres après le virage et la fièvre ferait de lui un pantin qui s'efforce, dans la nuit, de remonter un escalier mécanique à l'envers. Quarante ans ont passé. Je sais bien qu'il avait fallu attendre cent vingt mètres de course pour que mon père daigne enfin se manifester. Hormis l'épisode de Bambuck, Yves était demeuré l'œil rivé à l'écran de télévision. Je ne me rappelle aucune coupure. Pas d'interlude. Peut-être un rapide détour vers Paris, après la course de Colette. Jacqueline Cora et sa collection de timbres pour nous faire patienter. Là, nous étions vraiment seuls, dans la nuit de Mexico. C'était un moment d'une grande intimité sportive. Mon père était aussi mon professeur d'éducation physique à l'école primaire. Cela faisait beaucoup tout de même. Mon arrivée en sixième, au collège, était donc un premier départ.

« Regarde, me dit-il brusquement, c'est de la folie !

– Regarder quoi ? »

Avec mes yeux d'enfant, je ne mesurais pas complètement l'impact physique et cérébral de ce qui se jouait devant nous. En fait, Tommie était en train de régler ses comptes, pour l'éternité. C'était sa dernière course. Il avait toute sa jeunesse, mais c'était la dernière fois qu'il tournait comme un damné autour d'une piste. Jamais plus nous n'assisterions à ce genre d'accélération. C'était comme un trou noir, un puits béant qui s'ouvrait pour les autres concurrents de la finale. Ils basculaient dans le néant. Les uns après les autres. Comme ces types que l'on vient chercher, à l'aube, et qu'on abat dans la fraîcheur d'un fossé. Plus rien ni personne pour les secourir. C'est aux cent vingt mètres, en effet, que Tom, comme un mathématicien en mouvement, décida d'en finir. Sa cuisse avait résisté aux secousses du virage. Il était resté à distance de John, sans perdre les pédales. Il était dans le rythme. Un peu plus loin, cavalant à l'ancienne, avec ses bras fouettant l'air, comme des ciseaux découpent une longue feuille de papier, Peter Norman en avait encore sous la semelle. Le Jamaïcain Michael Fray, coincé à la corde, faisait preuve de courage. Il n'avait pas encore été dévasté par les cigarettes de cannabis. Aujourd'hui, c'est une autre histoire. Aux cent vingt mètres, ce fut vraiment un naufrage épouvantable. Avec le recul, John Carlos nous fait l'effet d'un « cacou » au volant de sa décapotable. Il avance mais ne voit pas l'orage qui menace. C'est pathétique de l'apercevoir se retournant sur sa gauche. Une première fois, puis une seconde, comme on demeure interdit au moment où la foudre fait son travail. L'instant d'avant, John Carlos était vivant. Mais là, c'est fini. Il voit s'éloigner un danseur qu'il ne reverra que plus tard, au temps des cocktails et des remises de décorations. C'est peut-être ce moment fragile – lorsque les deux coureurs sont provisoirement réunis – qui me paraît le plus émouvant. Cet instant, juste avant le passage du train, où Anna Karénine s'interroge : « Mais pourquoi ? » C'est déjà trop tard. Le train l'a emportée.

Il y eut, en effet, un moment où Tommie vint se porter à la hauteur de John. L'ancien voyou de Harlem ne s'en remit jamais. Il ressemble à cet instant à ces bêtes apeurées, prises dans les phares, incapables du seul geste qui pourrait les sauver : fuir et vivre. Au contraire, John, qui avait tout donné dans la première partie de cette finale, était incapable d'aller chercher le copain de San Jose. Brusquement, il manquait d'air. C'était terrible car, à force d'être obsédé par la foulée de Tommie, il finit par ignorer le retour de Peter. Cette fois, le danger venait sur sa droite. Il en perdit la médaille d'argent.

Quarante ans plus tard cette trajectoire n'avait pas changé. En revoyant Tommie Smith, il me semblait que son corps était encore le témoin d'une délicieuse cavalerie légère. Bien sûr, il y avait ces quelques cheveux blancs dans la masse noire et crépue. Quand il se posait au bord d'une table, Tom se repliait avec une extrême lenteur. Il se repliait à l'écart du monde qui ne lui avait pas fait de cadeaux après les Jeux. Mais ses jambes étaient intactes. Elles exprimaient, quarante ans après cette dernière ligne droite, la même folie, la même amplitude que le soir de la finale. Elles n'en finissaient plus, ces jambes. C'étaient des jambes fines et musclées, qui partaient du sol et remontaient jusqu'au visage de celui qui n'allait plus tarder à devenir un vieil homme. J'ai bien fait de retrouver Tom. J'ai voulu le suivre dans les souvenirs de cette finale. Dans cette forêt très fraîche d'Atlanta où était né le pasteur Martin Luther King. J'ai bien fait de l'écouter. Tom m'a donné les dernières clés d'une ligne droite qui lui offre la victoire. Ça n'était pas seulement une histoire de genoux ou de croyance. Yves n'avait pas cessé durant la nuit de les lever, persuadé que c'était ce qui faisait la différence. Il aurait été heureux d'entendre ces explications. Je me rappelle très bien. Tom a sorti un bout de papier. Et tout en me dessinant la piste et, surtout, la sortie du virage, il s'est mis à compter : « Une, deux, trois, quatre, cinq… » Il a compté jusqu'à douze. Et il m'a expliqué que ces douze foulées avaient été déterminantes dans sa victoire. Il s'était toujours répété qu'il y avait douze foulées à enchaîner après le virage, au moment exact où il se serait porté à la hauteur de John. Douze foulées en or. Au-delà de ces douze foulées, Tom savait que sa cuisse pourrait commencer son travail de sape. C'était gagné. J'ai revu la course. Je l'ai revue tant de fois. J'ai fini par déchiffrer, enfin, la nature du visage de Tom dans cette finale. Je me suis rappelé que Bud Winter, un jour de mai 1966, s'était décidé à mesurer la foulée de Tom quand il accélérait : 2,65 mètres dans son rythme le plus intense. Alors, Tom s'est mis à compter ses foulées, comme on compte ses pas pour évaluer une distance. Il l'a fait comme on déroule une image mentale qui doit se traduire dans la réalité. Il avait fait à près de 40 km/h ce que mon père faisait au ralenti, l'été sur le sable mouillé, lorsqu'il s'agissait d'y tracer une piste fictive. Ses couloirs, sa ligne d'arrivée. Alors, quand il enclenche ses foulées, l'une après l'autre, il se passe quelque chose qu'on a du mal à croire. Il se met à lever les genoux si haut vers le ciel que l'on pourrait imaginer qu'il danse et se détend. Ça n'est plus un coureur. C'est un danseur qui ne touche plus le sol. Je pense à ce qu'écrivait le journaliste britannique Neil Allen à propos de Tom : « Le corps est une architecture en mouvement. » Ces foulées le propulsent, sur trente mètres, à une distance déjà considérable de tous ses poursuivants. Et tandis que son visage était demeuré tendu durant toute une partie de l'épreuve, voilà qu'il se met à sourire. Sa mâchoire, qu'il avait serrée, se détend. C'est une course de 19 secondes 83 centièmes. C'est une finale qui met au pas Jesse Owens. Et quand il comprend que Tom va faire ce geste, ce poing levé en priant pendant l'hymne américain, Jesse commence à pleurer dans la tribune de presse. Il pleure sur son passé de Berlin, et sur tout ce qui va suivre. Il pleure sur le désastre qui se prépare dans la vie de Tom et John. Il pleure aussi sur tout ce qu'il a manqué. Jesse, saigné à blanc par les sponsors et la fédération américaine. Trimballé comme un clown. Utilisé à Mexico dans les négociations avec les rebelles. Mais ils se fichent de Jesse Owens. Il ne sera jamais leur porte-parole. Ils ne veulent plus tendre la joue. Ils ont décidé de se révolter. Ils font brusquement comme Joe Hill avait dit de faire cinquante-trois ans plus tôt, au moment de tomber sous les balles des fédéraux : « Cesse de pleurer, et continue le combat. » Cesse de pleurer, Jesse. 19 secondes 83 centièmes. Quelques notes seulement de Coltrane quand il jouait ses solos à l'Apollo de New York devant un parterre de femmes blanches – rien que des Blanches car les Noirs n'avaient pas le droit d'assister à ces concerts. Alors, avec Miles Davis, avec Charlie Parker, avec Mingus, John Coltrane se vengeait bien en les baisant toutes, ces Blanches qui aimaient le jazz.

19 secondes 83 centièmes. Ça n'est peut-être pas grand-chose, sur le coup, mais c'est finalement beaucoup plus long que prévu. C'est un chronomètre qui dure encore. Une trotteuse qui a pris ses quartiers dans ma mémoire. Et ce moment où Tom s'est mis à accélérer, tout en comptant mentalement ce qu'il était en train de faire, c'est une chose qui s'est incrustée à jamais dans ma mémoire d'enfant. Toutes ces foulées. Et Tom qui s'éloignait définitivement sur notre écran de télévision. Ces quelques secondes, un rien, où il s'est mis à jouer un air de jazz pour toujours. Un solo. Un air de fête qu'il était le seul à pouvoir nous offrir. Au bout de ces quelques secondes – ça n'était pas l'arrivée, on en était encore loin, peut-être quinze ou vingt mètres – il a ouvert les bras, ralentissant d'une manière vertigineuse. Comme font les motards en compétition, quand ils coupent au dernier

moment l'élan de leur engin juste avant un virage. La machine se cabre. On dirait un cheval de course aux arrêts. Tommie Smith s'est cabré en riant. Il avait oublié toutes les cravaches. Toutes les humiliations de James et Dora dans les champs de coton du Texas. Tous les logements refusés. Toutes les courses de son copain Lee Evans fuyant sous les balles des contremaîtres blancs. Les bras en croix, les poings levés vers le ciel de Mexico et ce sourire, cette décontraction tout au bout de son effort. C'était sa façon de dire simplement au monde : « Voilà, c'est fait. Je l'ai fait. J'ai réussi mon coup. Chacun, maintenant, va pouvoir prendre ses responsabilités. Chacun va pouvoir choisir son camp. » Et alors, quarante ans plus tard, il n'a pas changé. Il s'est contenté de faire ce geste planétaire, ce pouce qui claque quand on le frotte contre le majeur. Il voulait sans doute me rappeler, une dernière fois, que c'était un éclair. 19 secondes 83 centièmes. Un jaillissement. Un passage si bref. Une présence très éphémère sur la piste. Et, pourtant, beaucoup plus qu'un seul instant. Tellement plus fort qu'une simple soirée dans la fraîcheur de Mexico le 16 octobre 1968. L'aboutissement de toute une vie.

Le lendemain, je n'ai pas eu le droit de regarder le western de Samuel Fuller qui passait sur la première chaîne en noir et blanc : *Le Jugement des flèches.* Il n'était pas davantage question de traîner devant les niaiseries d'Albert Raisner qui recevait Pierre Perret, Guy Béart et Michel Polnareff. Mais je n'étais pas le seul à me retrouver totalement épuisé par cette nuit d'athlétisme. Yves en avait pris un sérieux coup. J'imagine que l'incident qui a suivi cette retransmission en a rajouté dans les souvenirs que j'étais en train de me constituer. Mon père me ramena de l'école en fin d'après-midi. Hélas, il avait encore égaré son trousseau de clés. Je n'ai jamais très bien compris la signification réelle de la perte des clés dans les familles. Peut-être l'envie inconsciente de tailler la route. Le désir de s'échapper. Abandonner le logis. Lâcher la niche, afin de retrouver cette liberté mise entre parenthèses depuis tant d'années. Je comprends mieux aujourd'hui l'amour immodéré qu'avait mon père pour le spectacle du sport – en particulier l'athlétisme et la gymnastique. C'était une façon de prendre le large, de respirer à l'air libre dans un monde qui n'était pas toujours très réjouissant. Yves était un gitan que ma mère était parvenue, vaille que vaille, à cadrer. Le naturel pouvait bien revenir au galop d'un instant à l'autre. Nous habitions au neuvième étage, 85 avenue Joliot-Curie, à Nanterre. Nous pouvions entendre la rumeur révolutionnaire des étudiants du 22-Mars. La veille au soir, Yves n'avait pas hésité à m'improviser, sur le balcon, sa fameuse leçon de gymnastique. Cette fois, c'était tout de même plus risqué. Notre balcon n'étant que le prolongement bétonné du voisin, il suffirait à mon père d'enjamber une petite cloison vitrée pour récupérer les clés, à l'intérieur de notre appartement. Le vide qui s'ouvrait devant nous était effroyable. Une légère erreur de pied et mon père basculerait vers l'horreur. Un type, une fois, s'était balancé dans la brume de l'hiver. On avait retrouvé des morceaux de son corps jusque de l'autre côté du boulevard. L'image de mon père, au-dessus du vide, cuisses tendues et légères. Cette vision poignarde mes années. Comme un gros chat, Yves bascule tranquillement de notre côté du balcon. Nous avions peu dormi, l'un et l'autre. Nous avions partagé, à l'abri du sommeil de la famille, l'exploit et la révolte de Tommie Smith. Malgré l'enfance et la confusion des impressions, je recevais de plein fouet certaines images qui ne s'effaceraient plus de ma mémoire. La soirée devant notre téléviseur finit par se mélanger avec l'exploit de mon père, jouant les alpinistes tout en haut de notre immeuble. C'était une autre forme de prise de risques. Un jeu troublant avec l'équi-

libre du corps. Yves nous faisait le coup régulièrement. Y compris la nuit. Et, quarante ans après
la course fulgurante du 16 octobre, l'escalade de
mon père refait toujours surface. Comme si le
geste silencieux de Tommie, sur le podium de
Mexico, finissait par se confondre avec ces
échappées de mon père, dans le vide de Nanterre
1968.

*Dans ce poing brandi très haut, j'avais ramassé
toute ma vie. Le poing est devenu immortel, mais
la vie est en lambeaux. J'en ai fait le sacrifice.*

Tommie Smith

La course était terminée depuis bien des années
que nous ne cessions de la prolonger avec mon
père. Et encore plus tard, je compris que le poing
levé de Tommie, sa fulgurance, ajoutés à tous ces
moments partagés avec Yves décidèrent de mon
avenir professionnel. Certes je m'étais construit
avec les livres, mais ce fut le sport que je choisis
de commenter à la radio. Je poursuivais ma
course dans la foulée d'un sprint noir découvert
le 16 octobre 1968, à Nanterre. Cette fois, j'avais
inversé les rôles. Yves ne serait plus jamais au
commentaire. Je tenais le micro. Au travers des
ondes, m'enthousiasmant pour les records de
Carl Lewis, Marie-José Perec ou Mike Powell,
en 1991 à Tokyo, c'était à Yves que je m'adres-
sais. Yves était vivant. Je chapardais la radio pour
lui offrir, inconsciemment, les prolongations

d'une course merveilleuse qui nous avait réunis tous les deux à l'automne 1968. Lorsqu'il était encore en vie, je m'étais arrangé pour l'emmener aux Jeux olympiques de Barcelone, où il partagea un appartement avec l'entraîneur Jean-Claude Perrin. Des heures entières, Yves et Jean-Claude ne cessèrent de refaire le monde de l'athlétisme et du sport en banlieue. Durant toutes ces années, il me fut impossible de commenter le sport sans que ma voix soit traversée en permanence par les échos de 1968. Dans mon esprit, le commentaire devait se suffire à lui-même. La performance sportive nouait un lien intime avec son environnement social, géographique ou politique. À propos de Mexico, Guy Lagorce a raison de ne pas vouloir se contenter des chiffres pour expliquer les racines profondes de l'exploit de Bob Beamon à la longueur, ou de Lee Evans sur quatre cents mètres. C'est bien la rage noire de ces années que nous devons invoquer pour mieux saisir l'exploit. Il faudrait aussi évoquer ces fameux Freedom Rides – bus de la liberté – quittant Washington le 4 mai 1961, à destination de La Nouvelle-Orléans, et qui ne sont jamais arrivés. Bus incendiés, Freedom Riders massacrés à coups de barre de fer et de batte de base-ball. Nous pourrions aussi nous souvenir de ces quatre jeunes gens du collège noir de Greensboro

(Caroline-du-Nord) qui décidèrent un matin de se rendre à la cafétéria du magasin Woolworth, où seuls les Blancs étaient admis. « On refusa de les servir. Comme ils s'obstinaient, on ferma la cafétéria pour la journée. Ils revinrent le lendemain et les jours suivants. D'autres Noirs vinrent silencieusement se joindre à eux. »

Mexico 1968, vu de Nanterre, me révélait ainsi que le sport appartenait à son époque et qu'il pourrait devenir un matériau de mémoire. « Paris de Nanterre, Paris de Cohn-Bendit », chantait Ferré. Tommie se confondra toujours avec cette vague odeur de poudre du Quartier latin. La longue veste en daim à franges un peu hippie de ma sœur revenant de la Sorbonne. Une soirée au Théâtre des Amandiers, où se produisait Barbara. Les bidonvilles que j'apercevais chaque soir avant de m'endormir. Toutes ces impressions qui ne cessaient de se transformer en inquiétudes d'enfant. Je devinais, en effet, ne pas être en âge de participer à ces fêtes lointaines. Ce mois d'octobre 1968, je savais bien qu'il me serait interdit d'aller voir *Rosemary's Baby* de Roman Polanski, ou *Belle de jour* de Buñuel, l'un des films préférés de Martine. Je me contenterais du dernier film de Sergio Leone : *Il buono, il brutto e il cattivo*, ou de celui de Jean Girault : *Le gendarme se marie.* Et j'avais beau capter quelques refrains dans la voix cassée de Leonard Cohen, la jeune fille que j'aimais en cachette au lycée de Nanterre avait raison de se moquer de moi. Elle avait une quinzaine d'années et m'apparaissait, du haut de mes dix ans, comme une femme déjà très mûre que je n'aurais jamais le temps de séduire.

Les cris de singe avaient redoublé. Tom et John s'en fichaient pas mal. Ils venaient de faire le boulot. Ils s'éloignaient maintenant, calmes et souriants. Le podium olympique était l'un des derniers points de lumière dans la nuit. Les projecteurs balayaient le concours du saut à la perche. Cette affaire durait tout de même depuis le milieu de la journée. L'Américain Bob Seagren était toujours à la bagarre avec les deux Allemands : Nordwig de la RDA, et l'Allemand de l'Ouest Schiprowski. Dans la nuit, ça se jouait à 5,40 mètres de hauteur. Ce fut l'un des concours les plus longs de toute l'histoire des Jeux. Bob Seagren, froid comme la mort, finit par l'emporter. En quittant la main courante, Tommie Smith et John Carlos aperçurent quelques pouces baissés chez les supporters américains. Cette kermesse sudiste et raciste ne les avait pas surpris. Le plus dur était à venir. Les trois du podium se sont serré la main. Ils ne savaient pas encore que les années futures les réuniraient plusieurs fois pour évoquer le bon temps de Mexico. Peter Norman avait le visage détendu d'un jeune homme de vingt ans, fier de sa course – 20 secondes 06 centièmes – et du coup de main donné aux deux sprinteurs. Il leur demanda s'il pouvait garder ce badge que John avait épinglé juste au-dessus de son cœur, quelques secondes avant la cérémonie. Tout était allé si vite dans la chambre d'appel, sous le stade. Comme Tom et John n'avaient plus de macarons à distribuer, c'était un jeune type de Harvard – membre du huit de Harvard, tous des rameurs blancs – qui avait donné son badge. Ou plutôt c'était John Carlos – avec son élégance habituelle – qui le lui avait piqué en un rien de temps, après l'avoir aperçu le long des barrières à la sortie du donjon : « Donne-moi ça ! » s'était-il contenté de dire au rameur Cleve Livingston. Il l'avait ensuite offert à Peter Norman. C'était évident qu'il pouvait le conserver, ce badge. Toute sa vie, s'il le souhaitait. Toute sa vie. Jusqu'à sa mort, il voudra se souvenir de cette image qui fixe à jamais le cri d'une révolte absolument silencieuse. Lui, jeune homme blanc, lisse et tranquille. Les bras ballants au-dessus de ses Adidas trois bandes. L'esquisse d'un sourire aux lèvres. Derrière lui, Tom a baissé la tête. Puis John, avec un léger temps de retard. Tom prie pour James et Dora, les yeux fermés. Il prie au moment exact où l'hymne américain envahit le stade. Tom réalise alors que le temps du podium est plus long que la course elle-même. 19 secondes 83 centièmes. Un éclair. Et là, des minutes entières à savourer ce geste qu'il avait longuement préparé. Une éternité. C'est l'hymne de sa vie qui monte dans le stade de Mexico. Les chaussettes noires pour signifier la pauvreté. Le poing ganté de cuir pour la révolte. Foulards et colliers pour rappeler les lynchages. L'hymne américain. La Constitution que, jeune étudiant à San Jose, il avait dévorée. Là, sur le podium, il se souvient que James a appris à lire avec la Bible. Il prie, Tom. Il n'est pas un révolutionnaire. Juste un jeune homme de vingt-quatre ans qui se remémore les paniers immenses qu'il fallait remplir dans les champs de coton du Texas et d'Alabama. Le silence de son père. Il fallait travailler dans le silence et la déférence. Les autocars, avec la fameuse barrière. Et tout est remonté. Il s'était dit, Tom, qu'il fallait rappeler ses principes d'égalité à l'Amérique. Il s'était dit et répété, durant toutes ces années, que c'était devenu insupportable. Qu'il n'était plus question de tendre la joue. Qu'il faudrait frapper un grand coup. Sur la piste, avec ses lunettes de soleil, sa nonchalance, personne n'aurait pu imaginer qu'il ferait ce geste. Il avait amélioré onze records du monde. Toute cette douceur avec les enfants. Il était si distrait. Il en riait. Personne ne pouvait le rattraper. Ce geste du poing levé qui déchirait maintenant le silence de toutes ces années. Ce geste qui voulait dire que c'en était fini du temps où Jesse Owens courait comme un bon négro que l'on exploitait dans tous les sens. Voilà ce qu'il pensait alors, Tom, cette nuit du 16 octobre 1968. Cet hymne si long qui s'apprêtait à mettre sa vie en lambeaux. Parce que tout allait recommencer. Le mépris et les humiliations. Il ne le savait pas encore vraiment, Tom. Les colis de merde envoyés à la maison. Les coups de fil anonymes. Les filatures du FBI. Le chômage. Tout ça, il ne le savait pas encore. Il ne savait rien quand le silence est revenu après la cérémonie. Il était devenu officier de réserve. Bientôt, l'armée allait le renvoyer. Et puis la fédération américaine aussi. Et le Comité international olympique. Plus personne ne voudra de lui. Même pas le garage où il faisait le laveur de voitures pour gagner quelques dollars. Il ignorait jusqu'à son survêtement qu'il faudrait bien revendre, pour vivre. Mais pas la médaille. Ni les chaussures. Il les a conservées dans un petit musée improvisé, dans sa maison d'Atlanta. La médaille est intacte.

C'est la médaille de la gloire et du bonheur, juste avant de tout perdre.

Ç'a été un drôle de remue-ménage quand ils sont rentrés au village. D'ailleurs, ils avaient bien l'intention de ne plus y foutre les pieds, dans ce bâtiment 11 réservé à la délégation américaine. Avant de quitter le stade, Tom et John avaient tenu à préciser le sens de leur geste devant la presse internationale. Tommie : « Si l'on gagne, on dit dans notre pays : un Américain a fait cela. Si l'on perd, on dit : le Nègre s'est fait battre. Notre geste signifie que nous en avons assez et que les Noirs vont s'unir pour leur dignité. » Ou encore : « Nous ne voulons plus être considérés comme des animaux dressés que l'on exhibe dans les stades. Nos victoires sont américaines alors que nous n'avons pas le sentiment d'être des citoyens américains à part entière. » John en avait remis une couche : « Lorsque notre travail est fini, on nous jette des cacahuètes et le boss nous donne une tape sur l'épaule en nous disant : *Good boy*. Cette expression nous fatigue. » John avait un air grave. Il avait été mis au courant des déclarations de Pate Jordan, l'entraîneur des États-Unis : « Toute leur vie, ils vont regretter ce putain de geste. » Dans l'autocar qui le ramenait au village avec son épouse, Carlos commença à se chauffer sérieusement avec un touriste américain.

Celui-ci l'avait apostrophé depuis son siège : « C'est bien, *boy*, tu as fait du bon travail pour le pays. » C'était le genre de chose qu'il ne fallait pas dire à John, surtout le soir de la finale. Dans l'autocar, la tension se fit sentir assez rapidement. John et le touriste étaient sur le point d'en venir aux mains. Leur ébauche de dialogue témoignait de l'atmosphère de l'époque :

« Tu n'es qu'un sale Boer, dit John.

– Et vous, des communistes. Vous seriez beaucoup mieux au Viêtnam ! »

Pour éviter une bagarre générale, un rameur blanc de Harvard – ils étaient tous à fond derrière Tom et John – se leva de son siège, tout rouge. Le touriste prit peur et s'éloigna dans le couloir.

Tom et John sont très vite devenus des fantômes que seules leurs épouses accompagnaient dans Mexico. Ils se planquèrent dans un grand hôtel, tout près du stade. Ils n'avaient plus un rond. C'étaient les femmes qui payaient le taxi et l'hôtel. Ils ont vite compris que le Comité international olympique était décidé à leur faire la peau. Quelques jours encore et ils allaient vraiment réaliser que, même avec leur médaille autour du cou, ils ne seraient pas franchement les bienvenus en Amérique. Il y eut un moment d'espoir avec la réaction de Douglas Roby, le président du Comité olympique américain. Il s'était contenté de dire que le coup du podium était assez puéril et qu'il ne fallait pas en faire toute une montagne. Surtout, il pensait avec malice à ce qui se jouait au même moment aux États-Unis. Les élections approchaient. La communauté noire était sceptique quant à son vote en faveur du candidat démocrate, Humphrey. Elle l'accusait de faire une trop large place à « la nécessité de maintenir l'ordre et la loi». À Buffalo, dans le quartier d'East Side à prédominance noire, une manifestation contre le candidat ségrégationniste George Wallace s'est achevée dans la violence. Un jeune lycéen a été tué par balle. Une nouvelle fois, des magasins furent pillés et incendiés. Une sanction exemplaire contre Tommie Smith et John Carlos ne manquerait sans doute pas de réveiller les consciences des plus radicaux : Eldridge Cleaver, et Dick Gregory, dirigeants des Black Panthers. Sauf qu'il y avait Brundage… Avec le vieux de Chicago, c'était cuit. Le président du CIO passa l'essentiel de son temps, après la cérémonie, à mettre la pression sur les responsables sportifs de son pays. Mes confrères Guy Lagorce et Robert Parienté ont raconté avec précision le parcours d'Avery Brundage. En 1936, à Berlin, il était déjà présent sur la scène internationale, en charge du Comité olympique américain : « Il s'en ira en Allemagne pour se livrer à une enquête personnelle. Il reviendra en déclarant : "Il faut participer aux Jeux. J'ai reçu l'assurance du gouvernement de M. Hitler que les Juifs pourront faire partie de l'équipe allemande." » Avery Brundage était un drôle de type qui n'a jamais été très digne avec tout ce qui touchait au racisme et à l'antisémitisme. La sanction est tombée dans la nuit, vers 2 heures, le vendredi 18 octobre. C'était assez étrange d'observer Douglas Roby en train de justifier le départ de Tom et de John. Il fallait s'y tenir. Il dit qu'à défaut d'une sanction, c'était toute la sélection américaine qui devrait quitter les Jeux. Tommie Smith et John Carlos avaient quarante-huit heures pour faire leurs valises. Elles étaient prêtes. Quand ils n'étaient pas au stade, ils se reposaient à l'hôtel. Ils étaient radiés à vie par la fédération américaine. Bannis des Jeux. Exclus de la délégation. Dans le bâtiment 11, les types étaient bouleversés. Blancs et Noirs. Au quatrième étage, un drap avait été placé, dans la nuit, juste devant la fenêtre donnant sur la chambre de Carlos : « *Down with Brundage.* » À bas Brundage. Alors, ça n'était plus une question de couleur. On a vu des champions blancs se mettre à soutenir leurs copains avec courage. Je pense bien sûr aux huit rameurs de Harvard.

Cleve Livingston : « Nous nous leurrions en croyant encore à la liberté d'expression aux États-Unis. C'est le régime de l'oppression. Nous sommes écœurés par l'attitude du comité. Nous ramerons quand même, car nous sommes engagés et nous tiendrons notre parole. » Lee Evans n'a pas fermé l'œil de la nuit. C'était certainement le coureur le plus proche de Tom, avec Charlie Greene et Ralph Boston. Les yeux explosés par les larmes, il décida finalement d'aller disputer la finale du quatre cents mètres. Jesse Owens ressemblait à un pauvre pantin que tous les acteurs du drame se refilaient au nom d'une négociation grotesque et jouée d'avance. Jesse Owens était écouté par les plus calmes, les plus timides : Jim Hines, Davenport, ou Pender – capitaine dans l'armée –, qui avaient intérêt, en pleine guerre du Viêtnam, à ne pas trop la rame-ner dans cette affaire ! Tous les autres, et surtout les plus jeunes, n'écoutaient plus depuis long-temps celui qu'ils appelaient en secret oncle Tom… Charlie Greene, qui avait toujours donné l'impression qu'il se trémoussait de plaisir et d'élégance sur une piste, céda cette fois à la rage et arracha les insignes USA cousus sur sa veste de survêtement. C'était de plus en plus chaud. Le lanceur de marteau Harold Connolly se disait prêt, lui aussi, à cesser la compétition. C'était un geste fort, d'autant que quelques costauds blancs étaient très remontés contre les deux sprinteurs. Il y a eu un moment où, de passage en coup de vent au village, Tom a failli en venir aux mains avec Jay Silvester, le lanceur de disque. Dans les étages aussi, les Texans étaient comme des fous. Leur chef de file, le colosse Randy Matson, se fichait totalement des droits civiques. Surtout, avec ses copains tireurs, il militait à fond pour la guerre au Viêtnam et n'était pas contre l'idée de donner une bonne correction à ces deux négros… C'est John qui a fini par lever le poing. Les portes claquaient dans le bâtiment. Il était peut-être grand temps de se décider. Faire les sacs pour le stade. Rentrer au pays ou filer sur les sautoirs, histoire de leur montrer ce qu'ils avaient dans le ventre, malgré la sanction.

J'ai retrouvé l'ouverture d'un article écrit par Jean Lacouture, pour les colonnes du *Monde*, quelques heures avant le triomphe de Bob Beamon et Lee Evans. C'est une déclaration de Tom, après la sanction : « La lutte continue. Peu importent les décisions des États-Unis. Nous ne regrettons pas notre geste. »

Alors, John Carlos, le gouailleur de Harlem, s'est approché des types qui lui faisaient face, dans la grande salle du bâtiment 11 où ils s'étaient retrouvés. Il y avait là Bob Beamon, Lee Evans,

Ron Freeman, Larry James et tous les autres Noirs de l'équipe. Il a levé le poing, et il leur a dit brutalement :

« D'accord les gars, on dégage, on accepte la décision avec Tom, mais à la seule condition que tous les Noirs poursuivent la compétition, jusqu'au bout. Faites-leur voir qui nous sommes, bordel ! Faites-leur voir, à tous ces fils de putes, de quoi vous êtes capables ! Faites des trucs dont on parlera dans cent ans ! »

C'est la fin de l'histoire qui plaisait à mon père. Le jour où Tom a rejoint James Richard, dans sa ferme de Lemoore. Yves devait sans doute y retrouver l'ébauche d'un partage. Un passage de témoin, entre le père et le fils. Cette histoire qui nous avait accompagnés durant des années, elle nous revenait jusqu'au bout. Jusqu'à la mort de mon père. C'est une histoire de sport et de révolte. Nous l'avons évoquée, quelques heures avant son départ. Nous avons même beaucoup ri. Nous avons remarqué que les termes de la course faisaient étrangement écho à ceux d'une vie bien remplie. La course et la vie avaient un départ, une forme de puissance, et puis une fin. J'avais été frappé aussi par l'expression utilisée régulièrement par mon père, notamment pendant sa maladie : un éclair… La vie, me disait-il, c'est un éclair.

Quarante ans après sa ligne droite, le claquement sec du pouce contre l'index de Tom, pour me montrer à quel point tout ça est allé si vite. Encore une fois, la fulgurance de cette course du 16 octobre 1968 et, en même temps, la musculature de nos souvenirs en commun me renvoyaient à l'enfance. Certaines journées très précises, où l'apprentissage du sport ne fit rien d'autre que déposer dans ma mémoire une ancre qui ne se décide toujours pas à lâcher prise. Un cross, ce matin d'hiver 1969, dans les sous-bois de Saint-Cucufa, sur les hauteurs du mont Valérien près de Nanterre. Les courses, chaque été, sur les plages de l'Atlantique. Mon père nous organisait de véritables Jeux olympiques. Il y avait des médailles pour les vainqueurs. Très jeune encore, mon premier match à Londres : Crystal Palace-Liverpool, et une telle impression de proximité avec le jeu qu'il me semble, bien des années plus tard, que l'attaquant Steve Heighway, vedette des Reds, était mon copain de bac à sable ! Il s'agissait peut-être de beaucoup plus que cela. L'athlétisme, que j'avais surtout pratiqué sur de très courtes distances, n'était en définitive qu'une merveilleuse métaphore de nos vies. Parfois, il était nécessaire de faire court. Parfois aussi, le souffle et la souffrance dans la solitude étaient des performances indispensables. Surtout, la vitesse pouvait tout à fait nous offrir une forme de lenteur, dont nous profitions encore avec la course du 16 octobre.

C'est donc sur la plage de Saint-Brévin-les-Pins, vers la fin du mois de juillet 2001, que j'ai raconté à Yves la fin de l'histoire. Il insistait à l'époque pour que je fasse l'effort d'en faire un livre. Un roman. Ce serait le livre de l'apprentissage. Le passage de témoin, comme il existe en effet des courses de relais. Les uns et les autres se passent le bâton. C'est une épreuve à la fois de partage et de vitesse. Une performance collective qui se gagne au cordeau. J'observe que Tom a conservé soigneusement chez lui ce fameux bâton de relais au cours duquel lui et ses copains de San Jose avaient établi un nouveau record du monde. Chaque passage avait été inscrit à l'encre. Chaque nom gravé dans le bois. Plus de trente ans après notre soirée, j'ai expliqué à mon père que Tom avait tout perdu. Il avait tout de même retrouvé sa vieille Volkswagen, garée devant sa piaule de San Jose. C'était une courte semaine après son retour de Mexico. Il voulait savoir ce que pensait James Richard de ce qui était arrivé. À peine deux cents miles séparaient San Jose de Lemoore. Tom avait tenu à faire le chemin seul.

Je me rappelle très bien. J'ai raconté la fin de l'histoire de Mexico sur cette plage où nous avions fait tant de courses, mon père et moi. Et maintenant que nous étions très loin de Nanterre 1968, il n'y avait aucune tristesse. Je savais simplement que c'était la fin. Le terme du voyage pour Yves. La fin de la course. Et que cette mémoire du sport nous réunissait une dernière fois. C'était un privilège de pouvoir évoquer toute cette époque. Cette nuit du 16 octobre à laquelle nous étions restés fidèles. Et le simple fait que, en ce mois de juillet, mon père ne puisse pratiquement plus marcher donnait à l'évocation de ce sprint une sorte de joie un peu triste. C'était tôt le matin. L'aube d'une plage est toujours très fraîche. C'était vraiment son dernier voyage. Il avait tenu à revoir ce sable mouillé sur lequel il avait tracé tant de pistes. Je lui ai dit que Tommie Smith était arrivé, le soir, devant la maison de Lemoore. Cette maison où il avait passé une partie de son enfance avec ses onze frères et sœurs. À la fin de l'adolescence, il était parti étudier à l'université de San Jose. Tom est donc arrivé devant la maison. Il a entendu les poules et les chiens. Et il a vu son père, James Richard, qui se dirigeait vers lui. Un petit bout de jardin donnait sur la ruelle. Son père s'est approché de lui. Tom savait bien, à ce moment-là, que son père n'avait pas vu la course puisqu'il n'avait pas la télévision. Mais le vieil homme avait entendu toutes sortes de choses sur son compte. Surtout des mauvaises. Et il ne comprenait pas pourquoi des gens s'étaient mis à balancer tout un tas d'ordures dans son jardin. Les insultes aussi. James s'est encore avancé. Il avait les pommettes très hautes et les yeux légèrement plissés. Il s'est approché, comme s'il avait voulu le prendre dans ses bras. Comme un père avec son enfant. Mais c'était un geste impossible. Tom était bien trop grand. Et ils étaient si nombreux, à la maison, que l'affection était transmise à l'église, en fin de semaine, quand ils allaient chanter. L'église, c'était le seul endroit où James prenait le temps de serrer la main de ses enfants. C'était très fort. Et là, alors que Tom était devant lui, James a pris la peine de lui dire deux ou trois choses. Il lui a dit que toute sa vie il avait souffert du racisme et des humiliations. Il lui a dit aussi qu'il ne pouvait rien faire. L'époque était ainsi. Il n'avait pas les moyens de se révolter. Il avait espéré des jours meilleurs en quittant le Texas pour la Californie. Et brusquement il s'est mis à lui serrer la main. Il a serré la main de son fils avec tant de force et de respect que cette puissance a emporté toutes les années. Il était incapable de retirer sa main de celle de Tom et il lui a dit : « Tu sais, mon gars, des gens m'ont raconté des trucs sur ces Jeux et ce que tu as fait sur le morceau de bois. C'était plutôt difficile à assumer, hein ! La plus grande par-tie de ma vie fut difficile à assumer. Alors ce que tu as fait, je sais ce que c'est[1] ! » C'était la fin de l'his-toire. À partir de ce moment, Tommie devrait se débrouiller pour survivre.

1. Annick Cojean, « Le podium de Mexico. Retour sur image. », *Le Monde*, 26 août 1997.

Je me rappelle très bien. C'est toujours la même chose, sur les plages, tôt le matin. Le passage des mouettes, dans la nuit, laisse des traces de voleurs sur le sable encore frais. Yves a fait une dernière tentative. Ses jambes ne le portaient plus. Il voulait s'approcher plus près encore du sable de sa jeunesse. C'était la veille de son départ. Je n'ai rien oublié. À l'hôpital, juste avant la fin, il y a eu cette infirmière qui est venue me voir. « Votre père m'a-t-elle dit, il a encore des cuisses merveilleuses. » J'ai pensé au balcon. Le balcon, dans le vide de Nanterre. Aux genoux qu'il fallait tenir le plus haut possible dans une course en ligne droite. La course était vraiment terminée. Un éclair. Nous avions passé tous les deux une bonne partie de notre existence à prolonger les matchs et les sprints. Mexico 1968 restait notre secret.

Yves s'éloignait. Il s'éloignait sur le sable mouillé de mon enfance. La fraîcheur des matins d'été. J'ai pensé que cela suffisait bien, avec le sport. J'ai pensé qu'il était peut-être temps de passer à autre chose. Tous les deux, nous avions épuisé le sujet.

Remerciements

Ce livre est aussi celui de mes amis Karim Bouamrane, Tommie Smith et Deloise. La précision de Guy Lagorce. La mémoire de Raymond Pointu. La fidélité de Roger Bambuck, Yves Bigot, André Dumas, Philippe Raimondo, Serge Laget, Benoît Heimermann, Thierry Roland, Thierry Geffrotin. Le coup de feu de Jean-Marc Roberts. La vigilance de ma Debora.

www.ingramcontent.com/pod-product-compliance
Lightning Source LLC
LaVergne TN
LVHW051739090726
842862LV00027B/615